本书系下列项目成果：
湖北省社科基金一般项目（后期资助）（编号：2021161
湖北省高等学校哲学社会科学研究青年项目（编号：21Q
武汉轻工大学引进人才科研启动项目（编号：2021RZ069）

长江经济带农业生态
资本运营效率测度与影响因素研究

■ 马艳　著

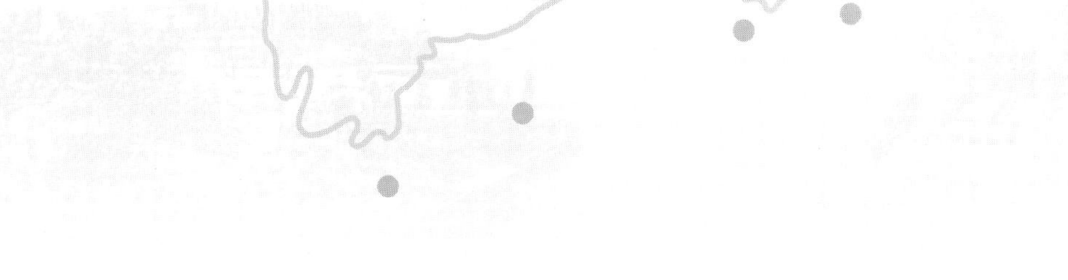

WUHAN UNIVERSITY PRESS
武汉大学出版社

图书在版编目(CIP)数据

长江经济带农业生态资本运营效率测度与影响因素研究/马艳著．—武汉：武汉大学出版社，2022.10

ISBN 978-7-307-23238-9

Ⅰ.长…　Ⅱ.马…　Ⅲ.长江经济带—农业生态经济—资本经营—研究　Ⅳ.F327.5

中国版本图书馆 CIP 数据核字(2022)第 143370 号

责任编辑：宋丽娜　　　责任校对：李孟潇　　　版式设计：马　佳

出版发行：**武汉大学出版社**　(430072　武昌　珞珈山)

(电子邮箱：cbs22@ whu.edu.cn 网址：www.wdp.com.cn)

印刷：武汉中科兴业印务有限公司

开本：787×1092　1/16　印张：10　字数：210 千字　插页：1

版次：2022 年 10 月第 1 版　　2022 年 10 月第 1 次印刷

ISBN 978-7-307-23238-9　　定价：48.00 元

目　　录

绪　论

第一节　研究背景及研究意义

一、研究背景

农业生态环境保护与高质量发展是当前乡村振兴战略和生态文明建设双重推进中的一个重要社会问题。农业资源与环境是农业生产的物质基础，然而目前农业生态环境存在“点面源污染共存，生活与生产污染叠加，乡镇企业和城市转移污染同在”的多重特征，造成农产品质量安全问题频发，农民持续增收困难，严重影响农业生产和农民生活。农业生态环境的好坏与农产品生产质量的高低紧密联系，保障农产品质量安全的首要任务就是保障农业生态环境安全。根据 2020 年环保部公布的全国土壤污染状况调查公报显示，全国土壤污染物总的超标率为 16.1%，其中耕地土壤点位超标率更是高达 19.4%①，表明农地污染问题较为凸显，农村环境质量受到严重威胁。一方面，我国农业资源环境受到内源性污染的巨大压力，农业生产中的化肥、农药、农膜的过量使用，产生化肥污染、农药残留对农产品的污染、农用塑料的影响等负面影响；另一方面，外源性污染压力没得到有效控制，工业和城市污染向农业农村转移排放的现象仍然存在。

农业是国民经济的基础部门，改革开放以来我国农业现代化取得重要成就。长江经济带是我国重要的农产品主产区，域内有成都平原、江汉平原、江淮地区、洞庭湖平原、鄱阳湖平原、太湖平原等全国性商品粮基地。其中，水稻产量占全国水稻总产量的 65%，农林牧渔业总产值占全国的 40%，在农业生产方面，长江经济带历来受到党和政府的高度重视。随着长江经济带发展战略上升为国家战略，推动长江经济带农业发展对我国发展全局具有更为重要的战略意义。2014 年 9 月，国务院印发《关于依托黄金水道推动长江经济

---

① 环球网．全国土壤污染调查公报：19.4%耕地污染物超标［N/OL］．［2020-12-16］．https：//china. huanqiu. com/article/9CaKrnJES15.

带发展的指导意见》，明确提出"要提升长江经济带现代农业和特色农业的发展水平，持续增强区域现代农业发展优势"，为长江经济带农业新一轮的快速发展提供了良好机遇。2016 年 6 月《长江经济带发展规划纲要》发布，强调了长江经济带"生态优先、绿色发展、共抓大不护、不搞大开发"的战略定位。2017 年 10 月，党的十九大报告提出要实施乡村振兴战略；2018—2021 年连续四年的中央"一号文件"都从不同方面对乡村振兴战略进行了系统阐述，其中"乡村振兴，生态宜居是关键"在每年的中央"一号文件"中都被重点提出。良好的生态环境是最公平的公共产品，是最普惠的民生福祉。如何协调民生与生态关系，构建人与自然和谐共生格局成为新时代农业农村发展的主攻方向，在"绿水青山就是金山银山"重要思想与可持续发展理论的指引下，提升农业生态资源保护力度与综合利用水平，加强农业生态资本与其他发展资本之间的协同运作，发展农业生态资本运营，对改变农村风貌、促进农民增收、提升农业水平具有非凡意义。

党的十九大报告明确指出，推动经济发展质量变革，就要实现动力和效率的双重变革，促使全要素生产率不断提升。以农业生态资本转化为例，农业生态资源作为要素进入农业生产环节，其增值收益的分配既是农业经济的增长点，也是农村社会矛盾的爆发点，如何处理好"效率"与"公平"的关系是农业生态资本运营需要思考的问题。然而，现有研究对农业生态资本运营的定性分析较多，但围绕农业生态资本效率或运营效率进行的定量分析较少，且关于农业生态资本运营综合水平评估以及分析不同区域影响农业生态资本运营效率的显著因素等方面的文献更是凤毛麟角。

基于此，本书以长江经济带为研究区域，在充分考虑农业生态资本运营的基础上，从农业生态资本的积累和转化两个阶段测算农业生态资本运营效率，分阶段考察农业生态资本积累和转化的过程，分析在不同阶段可能的影响因素，以期为推动农业生态资本运营发展、实现乡村生态振兴提供理论参考。

二、研究意义

本书在遵循农业自然规律和经济规律的前提下，对农业生态资本运营效率进行探讨，其可能的理论与现实意义主要体现在如下方面。

第一，从研究背景来看，农业生态资本运营是农业高质量发展的必由之路，是加强农村生态文明建设和推动经济高质量发展的内在需求。农业生态资源优势也是经济发展优势，如何将农业生态产品通过一定的技术开发，提高生态服务的价值，最后转变为农业生态资本获取资本增值，成为实现农业生态环境保护与生态经济效益协同共进的关键。这一理念与中共十九大所提出的"社会主义生态文明观"和"优质生态产品"的愿景相符合，对推进我国农村生态文明建设具有重要战略意义。

第二，从研究内容上看，农业生态资本运营效率是农业生态经济学研究由定性向定量的一大转变，实现了理论与实践的统一。一直以来，对农业生态资本运营的研究主要停留在内涵、条件、过程、模式、机制等理论层面，而鲜有学者从实证角度对农业生态资本运营效率进行探究，因此相关研究对策不具有普适性和指导性。基于此，本书以农业生态资本运营效率为切入点，实现了研究由理论向实证的转变，以长江经济带为研究区进行分析，旨在从定量层面对区域农业生态资本运营的发展现状、时空演变趋势有直观认识，并在此基础上，找出影响长江经济带农业生态资本运营的关键性因素，有针对性地根据农业发展的有利与不利因素作出调整，对加快长江经济带农业绿色发展，探索现代农业发展模式，实现农业高质量发展具有重要现实意义。

第三，从研究作用上看，有助于增进学界对长江经济带农业生态资本运营发展水平的宏观认识。长江经济带横跨我国东、中、西三大区域，在“一带一路”建设中起到了贯通支撑作用，域内省市的生态资源丰裕程度和发展潜力为区域绿色农业发展提供了理论支撑，为上、中、下游流域提升农业生态资本运营效率提供借鉴和参考。

第二节　相关研究文献综述

一、生态资本的研究

生态资本即生态的资本化。在国外，早期的生态资本被狭义地理解为自然资源资产的价值（Vogt W，1948），与国家偿债能力相联系。随着可持续发展研究的深入，各国开始寻求经济发展和环境保护双赢的发展模式，学术界对自然资本的理解由自然资源的价值扩展到其所提供的生态服务价值。1987 年，世界环境与发展委员会在《布伦特兰报告》中将环境视为资本，首次使用“生态资本”一词，将其与“可持续发展”相联系（肖汝琴，2015）。1990 年，Pearce 和 Turner 在《自然资源与环境经济学》的著作中，正式提出了“自然资本”的概念（Pearce D，1990），此后生态资本与物质资本、人力资本一样，成为国家财富的一部分（邓建华，2015）。这种“资本三分法”为后续理顺各种资本间的关系、保护生态系统提供了理论依据。20 世纪 90 年代以后，自然资源与环境之间的区别被逐步消除，自然资源越来越多地被当作一种资产处理，Daly（2004）、Costanza（1992）、Guerry 等（2015）先后在此方面进行了有益探讨，认为自然资本是“能够在现在或未来提供有用的产品流或服务流的自然资源及环境资产的存量”，包括矿产、林木等自然资源和草地、水域等生态系统。

我国有关生态资本的讨论始于 20 世纪 90 年代，受翻译的影响，在提法上多使用“生态资本”一词，其基本等同于自然资本。刘思华（1997）较早开始研究“生态资本”，将生态资本分为生态资源和生态环境两部分进行考虑。范金（2000）将生态资本直接界定为自然资本，并从生态资本的定义、内容、价值评估与方法、生态资本与经济增长的关系等方面对生态资本理论进行分析。也有专家学者对自然资本研究进行了回顾与总结，如朱洪革、蒋敏元（2006）对国外自然资本的概念、估算和研究进展进行了介绍；严立冬等（2010）分析了生态资本概念、价值、功能及其运营机理，提出了构成生态资本的“四要素论”，从而在理论上进一步廓清了生态资本的范围。王耕等（2019）利用文献计量方法对国外自然资本的研究力量和高产作者发文情况进行了分析，探究了目前国外在此领域的研究程度。尽管很多学者对自然资本或生态资本进行了概念界定，研究了其价值构成及评估方法，但针对中国生态资本研究的整体把握及后续纵深推进的文献仍存空缺。因此，本书从生态资本的宏观视角出发，基于 CNKI 和 WOS 数据，利用 CiteSpace 5. 5R 软件，在分析生态资本研究的国家分布、国际热点及国内研究演化的基础上，探讨当前中国自然资本研究的新兴热点问题，以期推动中国自然资本理论研究和实践探索的蓬勃开展。

本书以中国学术期刊网络总库（CNKI）和 Web of Science（WOS）核心合集数据库为研究数据来源，采用六元组模型构建策略，即检索式、检索字段、检索模式、时间跨度、文献类型和来源类别以确保获取相关度高和质量更好的文献，具体见表 0-1。

表 0-1 **国内外生态资本文献检索六元组策略组合**

名称	CNKI 检索说明	WOS 核心合集检索说明
检索式	“自然资本 or 自然资源资本 or 生态资本”	“Natural Capital” or “Nature Capital”
检索字段	主题	主题
检索模式	精确，语言 = 中文	精确，语言 = English
时间跨度	起始不限至 2019 年 12 月 31 日	1990—2019
文献类型	期刊	Article
来源类别	核心期刊、CSSCI、CSCD	“SCI-EXPANDED”“SSCI”

在中文检索部分，考虑到现有研究成果中自然资本以及与其概念相关的“生态资本”“自然资源资本”之间的关系因翻译的原因常被模糊化甚至不作区分，因此本书将这三个概念作为特征词进行检索。截至 2019 年 12 月 31 日，搜索结果中的论文发表年度横跨 1992—2019 年，共得检索结果 852 条。通过对目录、会议、访谈、征稿通知等无效数据进行删除，筛选后得到有效数据 668 条。英文检索部分，考虑到国外有“自然资本”的正式提法始于 1990 年，参考王耕等学者的研究，将检索时间段设为 1990—2019 年，共得检索

结果 1566 条，通过进一步筛选，最终确定了引用次数高、期刊影响因子大和相关性强的 WOS 文献 1409 篇作为英文文献分析样本。

本书重点分析了我国自然资本研究的演化进程和前沿热点，主要采用文献计量分析法结合 CiteSpace 软件对自然资本的研究文献展开定性和定量的研究。借助上节提出的六元组检索策略，选取研究趋势、研究热点与主题、研究前沿为主要研究内容（表 0-2）分阶段进行特征分析。

表 0-2　**生态资本知识图谱研究方法说明**

研究内容	研究对象	研究方法	图谱评价指标选取
研究趋势	年发文数量	Excle 趋势分析法	发文数量、曲线拟合优度
研究热点和研究主题	关键词	关键词共线分析、文献聚类分析	整体网络结构指标：节点数、连线数、密度
			聚类指标：Q 值、S 值
			单节点指标：中介中心性
研究前沿	名词短语	突现词探测	中心性、突现率、时间跨度

具体包括如下部分。① 研究趋势。借助 Excel 定量分析我国自然资本研究的发文数量和时序分布特征。②研究热点和研究主题。从 CNKI 和 WOS 数据库导出 Refworks 格式的文献信息，导入 CiteSpace 5. 5 工作台进行国家、作者、机构合作网络分析，绘制主要研究国家、团队、研究机构的知识图谱；通过文献被引频次、关键词共现分析，发现自然资本研究领域中的经典文献和研究热点，再结合发文量趋势变化，关键词词频分析、文献聚类分析，总结其演变规律，并结合图形进行研究阶段划分。③研究前沿。运用突发性检测（Burst Detection）功能，统计文献中骤增的关键词，研究突现词的中心性、突现率及骤增时间，通过时间轴（Timezone）预测自然资本研究前沿发展态势。

（一）国内外生态资本研究主要特征分析

1. 国家研究网络分布

为明确国际生态资本研究的发文情况和合作特征，在 CiteSpace 中将功能选择区的节点类型（Node Type）设置为国家（Country），时间切片设置为 1 年，对 WOS 库中 1409 篇文献进行分析处理，得到国家分布网络图谱（如图 0-1 所示）。

一般来说，关键词节点越大表示发文量越多。由图 0-1 可知，美国、英国、澳大利亚是节点最大的 3 个国家，发文量分别达到 376 篇、219 篇、119 篇；意大利和中国紧随其后，发文量为 102 和 94 篇。从排名前 10 的国家来看，欧美国家整体实力要强于亚洲国

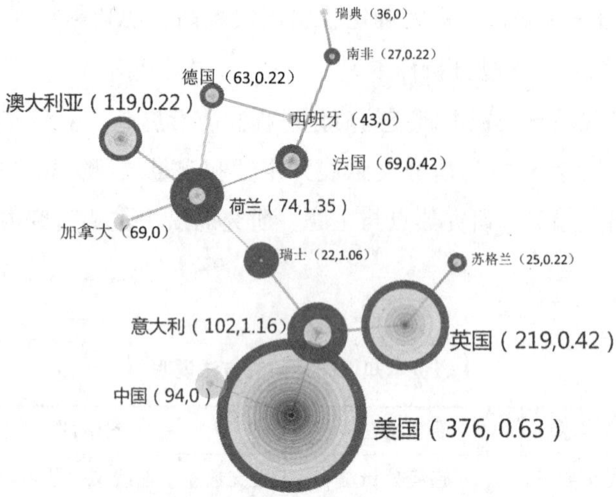

图 0-1　生态资本研究国家合作网络图

家。从中介中心性来看，荷兰（1.35）、意大利（1.16）、瑞士（1.06）、美国（0.63）是自然资本研究最具关键影响力的 4 个国家。值得注意的是，发文量多的国家影响力不一定强，如美国是最早对生态资本展开研究的发达国家，其发文量居世界第一位，但在此领域的综合影响力弱于欧洲部分国家；中国的发文量虽然位列世界第五，但中介中心性为 0，仅与美国存在合作关系，缺乏与其他国家间的发展合作。相较之下，意大利、瑞士、荷兰的发文量虽然不如前三位的国家，但其中介中心性排名靠前，尤其是荷兰，在图谱中起到连接点作用，与多个国家存在较为紧密的连线，说明这三个国家在生态资本研究领域具有一定影响力，国际间的合作较为频繁。

2. 国际热点

基于 WOS 文献，将 CiteSpace 的节点类型设置为关键词（Keywords）采用图谱聚类算法，选择对数似然法（Log-likelihood）提取聚类标签（蓝曼，2020），得到国际生态资本研究关键词聚类信息表及聚类图谱（图 0-2 和表 0-3）。结合图 0-2 可知，国际生态资本领域的研究热点聚焦于休闲游憩、生态经济学、生态系统服务、生态系统功能、生计、综合环境核算、自然资本、脆弱性共计 8 个方面。

表 0-3　**国际生态资本研究关键词聚类表**

聚类名称	规模	轮廓值	平均年份	关键词（LSI 算法，P 值）
#0 休闲游憩	14	0.887	2002	休闲（4.69，0.05）；侵蚀控制（4.61，0.05）；自然资本资产（4.69，0.05）；空间价值转移（3.19，0.05）；碳固定（2.12，0.12）

续表

聚类名称	规模	轮廓值	平均年份	关键词（LSI 算法，P 值）
#1 生态经济学	12	0.804	1998	生态经济学（5.94，0.05）；泥沙平衡（4.77，0.05）；不确定性（4.77，0.05）；生物多样性（2.14，0.5）；渔业捕捞（1.33，0.5）
#2 生态系统服务	11	1.000	1999	生态系统服务（10.85，0.001）；社会资本（7.82，0.01）；可持续发展（4.05，0.05）；防洪（3.9，0.05）；人口健康状况（3.9，0.05）
#3 生态系统功能	10	0.960	2004	生态系统功能（12.58，0.001）；科学（8.36，0.005）；关键自然资本（8.34，0.005）；信息功能（4.17，0.05）；环境外部性（4.17，0.05）
#4 生计	9	0.973	2007	生计（8.51，0.005）；政策影响（4.91，0.05）；农业（4.91，0.05）；生态系统服务付费（4.22，0.05）；南非（4.22，0.05）
#5 综合环境核算	7	0.911	1999	综合环境核算（5.35，0.05）；货币账户（5.35，0.05）；资本补贴（3.15，0.05）；卫星系统（2.72，0.1）；能值（1.81，0.5）
#6 自然资本	6	0.941	1999	自然资本（5.9，0.05）；实物账（5.35，0.05）；参与性监控（4.8，0.05）；生物多样性热点（4.8，0.05）；农业科学（4.22，0.6）
#7 脆弱性	5	0.951	2002	脆弱性（4.93，0.05）；土地退化（4.8，0.05）；热带稀树草原（4.93，0.05）；循环反馈回路（4.93，0.05）；载畜率（3.93，0.05）

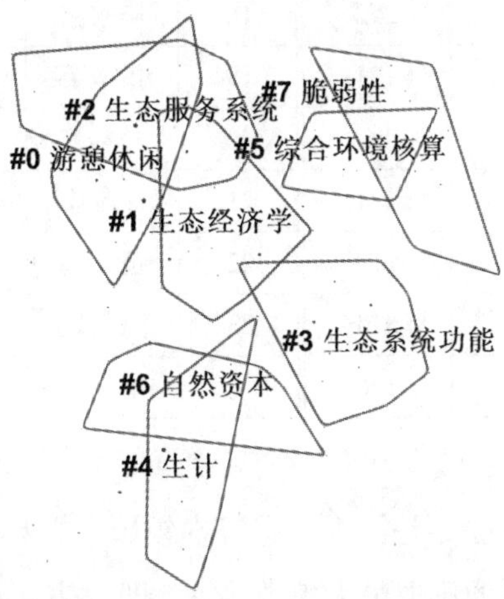

图 0-2　国际生态资本研究关键词聚类图

表 0-3 中，所有聚类轮廓值均大于 0.7，表明聚类是令人信服的。表中通过对数似然比（LSI）列出了每个聚类中排前五的关键词，通过关键词“生态系统服务”“生态系统功能”“环境核算”“脆弱性”等，结合近年来高频被引文献，不难发现国际自然资本研究主要涉及土地、森林、海洋、生态脆弱性地区，多与生态学、经济学、地理信息系统相结合，评估自然资本所带来的生态福利、外部性影响及对自然资本开展量化核算等。

3. 国内核心作者发文分析

核心作者的发文情况一定程度上代表了生态资本研究的主要知识力量，有助于了解当前研究领域中学者间的交流与合作程度。本节借助普赖斯定律（张亚如等，2018），测算中国生态资本领域核心作者发表论文数量：

$$N = 0.749\sqrt{N_{max}} \tag{0-1}$$

其中，N 为核心作者发表论文的最低篇数，N_{max} 为发文最多作者的篇数，即发表论文数量在 N 以上的作者为生态资本领域的核心作者。国内生态资本领域核心作者与发文情况，具体见表 0-4。

表 0-4　　**1992—2019 年生态资本领域核心作者及发文信息统计**

排序	作者	发文量/篇	被引频次	排序	作者	发文量/篇	被引频次
1	严立冬	18	809	13	朱洪革	5	78
2	刘加林	12	311	14	赵志远	4	74
3	诸大建	11	528	15	马兆良	4	32
4	邓远建	11	407	16	李昭华	4	52
5	屈志光	9	127	17	李小玉	4	15
6	方　恺	8	252	18	毕秀水	4	45
7	陈　尚	7	121	19	田淑英	4	25
8	王　敏	5	86	20	马彩虹	4	104
9	夏　涛	5	131	21	汪凌志	4	38
10	杜国英	5	110	22	黄　鹂	4	32
11	胡鞍钢	5	573	23	陈光炬	4	109
12	李京梅	5	106				

从作者发文数量来看，严立冬是国内生态资本领域发文数量最多的作者，共发表文章 18 篇，即 N=3.17。按照取整原则取最大整数为 4，即发表 4 篇及以上的论文为核心作者候选人。根据公式计算得到核心作者候选人共 23 人，发表论文 146 篇，论文总被引频次

数 4165 次，即 23 位候选人的平均发文量和平均被引量分别为 6. 348 篇和 181. 087 次。值得注意的是，本次统计的 23 位核心作者总发文数量为 146 篇，占生态资本总检索论文数量 668 篇的 21. 86%，与普赖斯定律中测算的核心作者群体发文占比需达到 50%存在较大差距，说明在此领域的研究仍有较大的合作探索空间。

作者合作网络不仅能识别学科或领域核心作者及其之间的合作强度，还能通过分析聚类内作者研究主题及其之间的合作强度，发现该领域知识结构及研究热点。利用 CiteSpace 构建 1992—2019 年生态资本研究发文作者合作网络（图 0-3）。图谱中显示了以“生态资本”作为相关主题发文量的作者合作情况。图 0-3 中共包含 149 个节点，连线条数为 151 条，网络密度为 0. 0137。其中，节点的大小表示作者的影响力，即节点越大，作者合作发文的数量越多；节点之间的连线越粗，表示两个作者之间存在合作关系的强度越大（张鑫等，2017）。

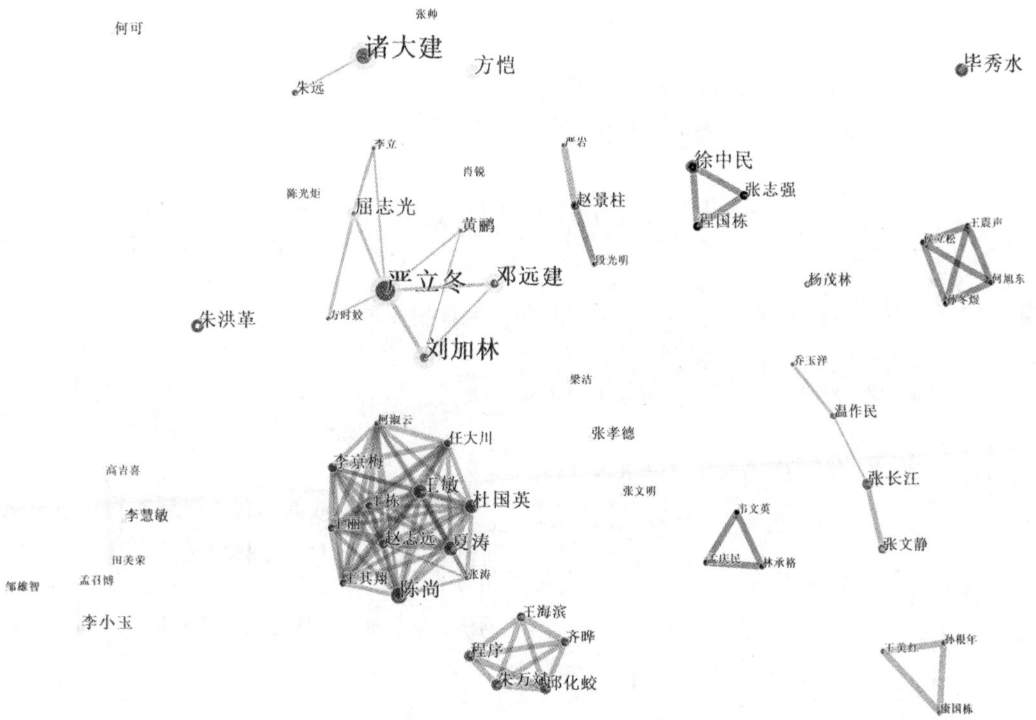

图 0-3　作者合作网络

从作者聚类角度看，研究成果产出量较高的团队集中于严立冬（中南财经政法大学）、诸大建（同济大学）、方恺（荷兰莱顿大学、吉林大学）、陈尚（国家海洋局第一海洋研究所）等团队。其中以严立冬、刘加林、邓远建为主的研究学者主要在农业生态资本、水资源生态资本、生态资本运营绩效和机制等方面进行了深入研究，形成了一个小型合作网络；诸大建等（2012）学者致力于研究生态环境的可持续发展；方恺等（2010，2012）研究学者关注自然资源资产核算、生态系统服务价值、碳排放与环境的关系；陈尚、任大川等（2011）学者关注海洋生态资本价值、海洋生态补偿等方面的研究。这四大团队在生态资本与可持续发展研究方面培育了大量的人才，分散在全国各知名高校，将生态资本研究传承。然而值得注意的是，研究网络多为同一机构学者，机构内部合作较为集中，跨机构合作明显不足，呈现“内部集中，整体分散”的特点。分析造成此现象的原因，主要是受制于地缘、学缘关系的影响，因此生态资本研究迫切需要加强地域间合作。

4. 国内发文机构分析

运用 CiteSpace 软件选择机构合作功能（Institution），在相同的时间段内，以 2 年为时间切片（Slice=2），生成研究机构知识图谱（如图 0-4 所示）。

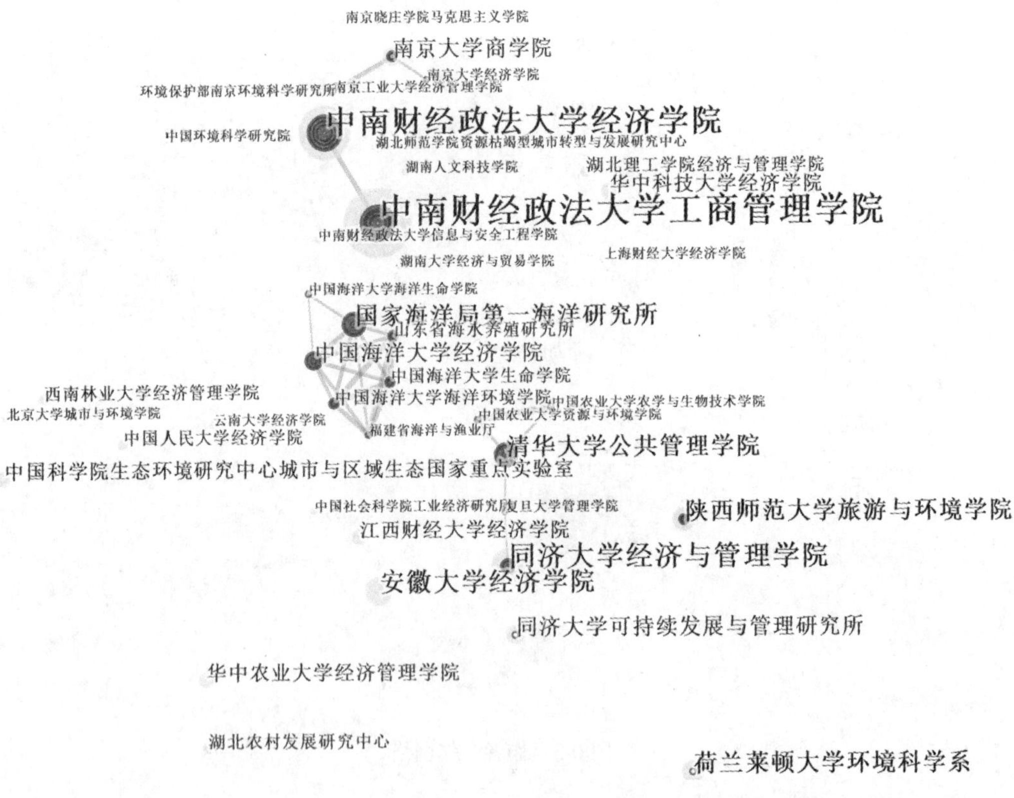

图 0-4　研究机构合作网络

图 0-4 中共包含 100 个节点，连线条数为 47。每个节点代表一个研究机构，从图中可知，大部分节点是孤立的，即大部分机构间不存在合作。节点间连线表示研究机构之间的

合作关系，从节点连接强度来看，发文量最多的机构是中南财经政法大学，其中主要是工商管理学院、经济学院之间的合作；同济大学主要是经济与管理学院和可持续发展与管理研究所的合作。将二级机构进行合并，按照发文数量排序分析后得到发文量排名前 20 的机构，如图 0-5 所示。

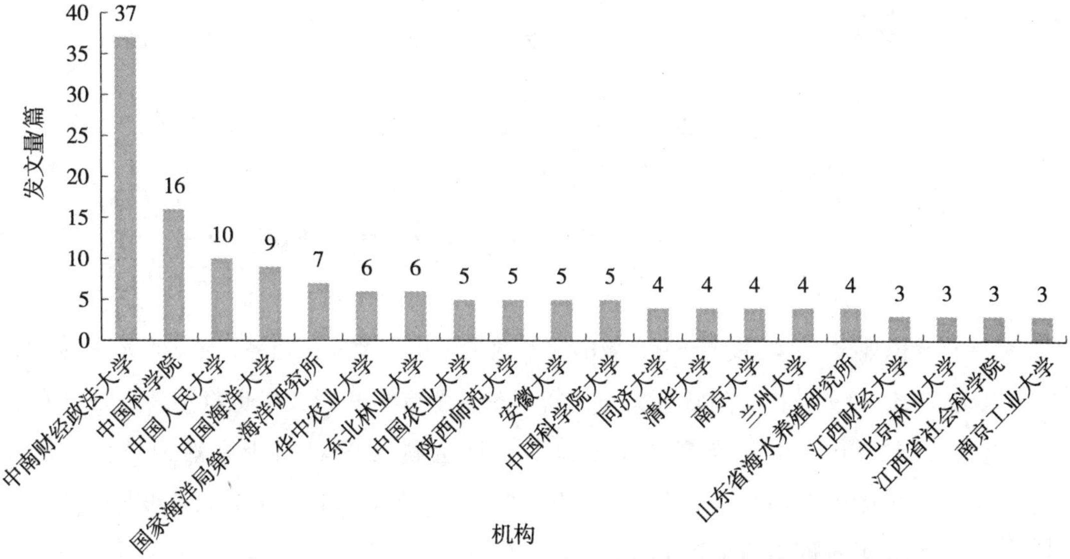

图 0-5　1992—2019 年生态资本研究发文量排名前 20 的单位

结合图 0-5 可以看出，在 28 年中进行自然资本研究的发文机构多集中于高校和科研院所。其中，中南财经政法大学、中国科学院及所辖单位、中国人民大学、中国海洋大学等位居前列。从发文机构区域角度看，自然资本研究发文量地区分布并不均衡，其中湖北、北京、山东等地区发文量较高，相比其他地区，这些地区在自然资本研究上重视程度较高，研究力量较为雄厚。

（二）中国生态资本研究演化趋势与前沿分析

本书选取 1992—2019 年 28 年间 668 篇生态资本相关论文，绘制文献数量随时间的分布曲线（图 0-6），旨在有效评估该领域学科所处的研究状态，进一步预测其发展动态和趋势。

图 0-6 中，折线为年度发文量，虚线为年度发文数量的三次拟合曲线。发文量的曲线拟合优度 R^2 为 0. 8884，可近似认为，到 2020 年生态资本在国内社会科学的研究文献数量仍将呈指数型上升趋势。依据美国文献计量学家普赖斯（Derek desolla. Price）提出的

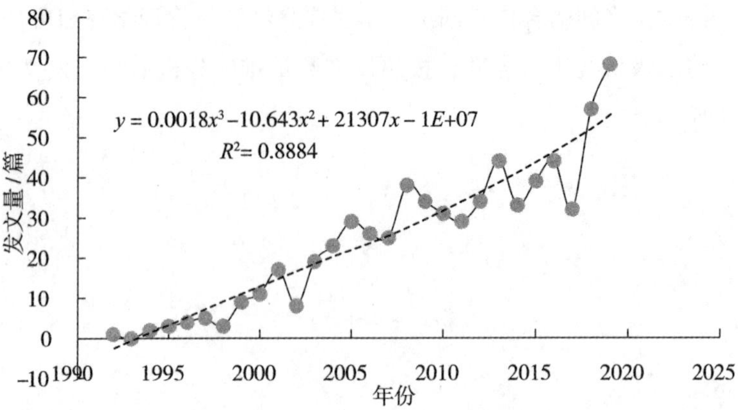

图 0-6 中国生态资本研究论文发表数量变化趋势图

“文献指数增长规律”：如果某研究领域的文献数量呈指数型增长趋势，则表明该领域文献积累规模尚未饱和，仍将受到各方关注，新理论、新方法和新技术也将不断涌现（曹文杰、赵瑞莹，2019）。由此推测，自然资本在社会科学领域的研究潜力巨大。借助 CiteSpace 的时间线（Timeline）图谱，可以通过关键词聚类得到纵轴为聚类编号、横轴为引文发表年份的共现网络的时间线图谱，共计 9 个研究主题（图 0-7）。图中各聚类的时间线轴遵循知识流向由深色到浅色的分布，表征该领域首次出现共被引连接的时间差异，其中节点出现时间越早颜色越深，越晚则越浅。根据连接线颜色的深浅，将自然资本研究划分为三阶段进行分析。

1. 生态资本概念化探索阶段

1992—2001 年为中国生态资本研究概念化探索阶段，包含 3 个主题聚类，分别是#1 可持续发展、#2 自然资本和#8 生态资本。结合趋势图可知，这一阶段年度发文数量低于 10 篇，增幅平缓，说明该阶段政府管理者和学者们对自然资本重要性的认识尚浅，对该领域的关注和投入处于发展起步的水平。然而，此阶段各节点关键词较大，呈现较高的中心性并与相邻聚类间存在密集的连线，说明各聚类中存在种子型论文，对后续研究具有解释性。国内自然资本思想雏形出现最早的文献是孙晓慧于 1992 年在《财务与会计》上发表的《绿色会计》，其中提到了衡量人工资本项目和自然资本项目的问题，并且意识到环境问题成为今后需要解决的重要问题。此后，学界开始关注自然环境变化与可持续发展的文章逐渐增多，相关聚类中主要关键词从 1992—1995 年的“环境会计”过渡到 1996—1998 年“环境保护与可持续发展”，最终在 1999 年 4 月《生态学杂志》翻译并引入了 Costanza 等 13 位科学家的文章《全球生态系统服务与自然资本的价值估算》为标志，正式聚焦于

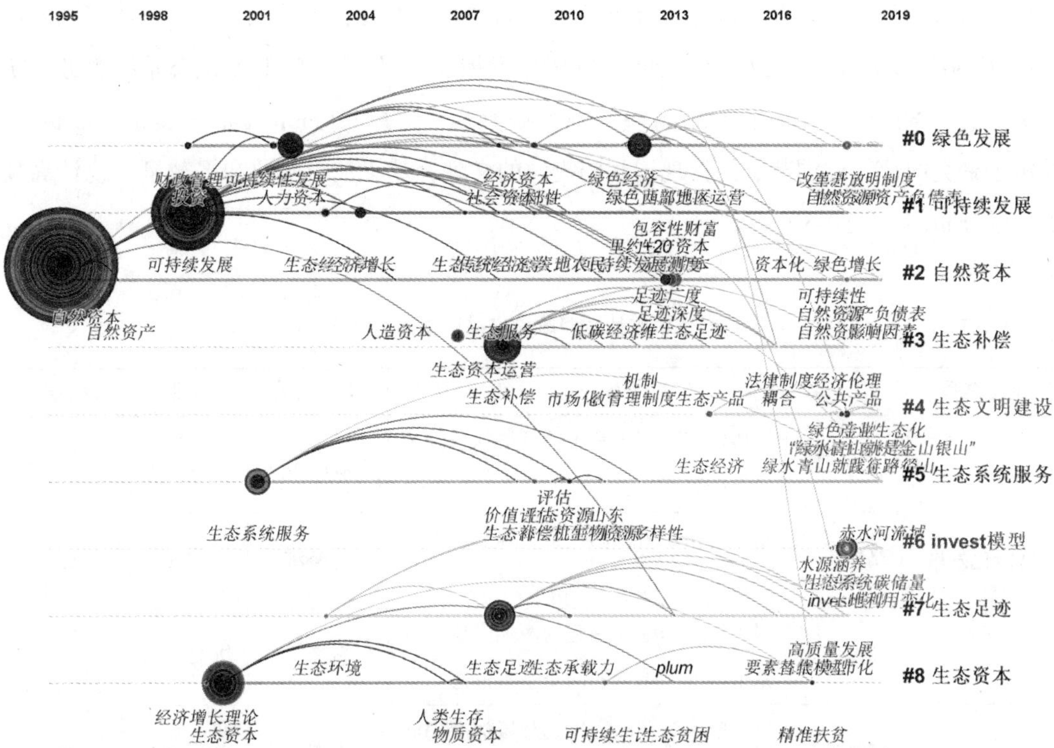

图 0-7　关键词聚类时间线图谱

自然资本（Constanza，1999）。阅读此阶段文献发现，生态资本或自然资本的概念多零星散落在可持续发展的研究中。聚类中，被引频次高达 200 次的文献来自 1997 年刘思华教授发表在《经济研究》上的《对可持续发展经济的理论思考》一文，文章首次提出了生态资本的概念，认为可持续发展经济的最佳模式是物质、人力、生态三种资本的共同增殖；杜丽群（1999）认为，人类的投资活动与自然密不可分，只有在不降低环境“承受能力”的前提下产生最大的预期效益，才有可能达到投资的可持续性。孙冬煜等（1999）从资本的角度来界定环境投资，探讨了由适应可持续发展思想而产生的自然资本观，并结合环境投资活动特点，给环境投资做出了界定。通过原文献研究发现：这一阶段的发文多集中于欧美国家关于自然资本概念、特征、评估方法的介绍以及可持续发展理念的探讨，多从环境会计（蔡成琳，1999）、投资、经济增长（陈邵锋，1999）等领域展开案例研究，处于引入国外理论和方法的阶段，为中国学者从深度和广度上探索自然资本提供了借鉴。

2. 生态资本研究奠基发展阶段

自 2002 年开始，经济发展与环境保护的矛盾日益显现，循环经济、生态经济等研究日益成为热点，自然资本研究内容开始增多。除 2002 年发文数量下降到个位数外，其余年份发文数均为 19~38 篇，生态资本研究在经过早期概念化探索阶段后开始进入奠基发展阶段（2002—2012 年）。这一阶段包含#0 绿色发展、#3 生态补偿和#5 生态系统服务三个聚类。为探索此阶段知识生产特征，结合 CNKI 数据，选择 list citing papers to the cluster 查看每个聚类内部关键词节点与突现词共同指向的文献，基于被引次数和下载量，统计高被引文献分布表（表 0-5）。

表 0-5　**生态资本奠基发展阶段高被引文献分布表**

聚类名称	作　者	标　题	研究领域	年/期	被引频次
#0 绿色发展	诸大建	绿色经济新理念及中国开展绿色经济研究的思考	生态经济学	2012/05	157
	邓远建等	生态资本运营机制：基于绿色发展的分析	生态经济学	2012/04	65
	刘思华等	绿色发展与绿色崛起的两大引擎——论生态文明创新的两个基本形态	生态经济学	2012/07	39
#3 生态补偿	李晓光等	机会成本法在确定生态补偿标准中的应用——以海南中部山区为例	生态学	2009/09	186
	曹明德	对建立生态补偿法律机制的再思考	法学	2010/09	173
	王蕾等	自然保护区生态补偿定量方案研究——基于“虚拟地”计算方法	生态经济学	2011/01	46
#5 生态系统服务	李海涛等	基于能值理论的生态资本价值——以阜康市天山北坡中段森林区生态系统为例	生态学	2005/06	105
	严立冬等	生态资本构成要素解析——基于生态经济学文献的综述	生态经济学	2010/09	58
	任大川等	海洋生态资本价值结构要素与评估指标体系	生态学	2010/12	36
	江波等	海河流域湿地生态系统服务功能价值评价	生态学	2011/04	172

结合图 0-7 和表 0-5 分析，10 篇高被引论文中有 5 篇涉及生态经济学、4 篇涉及生态学、1 篇涉及法学，#0 绿色发展聚类整体轮廓值高达 0. 967，热点平均出现年份为 2010

年，子聚类共 15 个，涉及绿色发展、区域经济、内生经济增长、外部性、绿色经济、资本运营等，为所有聚类中最多的。#0 绿色发展聚类是以经济与环境的和谐为目的而发展起来的一种新的经济形式。本聚类被引频次最高的是 2012 年诸大建的《绿色经济新理念及中国开展绿色经济研究的思考》一文，文章论述了 2010 年以来全球绿色经济发展的基本背景，辨析了绿色经济与生活质量的关系，发现绿色经济投资于自然资本可以实现经济与自然资本消耗的脱钩，该文在国内学界引起较大反响，为研究中国未来 30~40 年的绿色发展情景提供了实证材料。从引文突发性检测结果来看，邓远建等（2012）学者的文章《生态资本运营机制：基于绿色发展的分析》自 2012 年以来持续爆发，强度为 2.11，被引次数 65 次。文章认为，在绿色发展理论的视野中，生态资本是一种十分重要的资本形态，生态资本运营的内核和目标与绿色发展的要求是完全一致的，并提出了完善生态资本运营机制的框架体系。刘思华等（2012）合著的《绿色发展与绿色崛起的两大引擎》为此聚类中的地标性文献，与聚类#4 生态文明建设联系紧密，文章提出循环经济和低碳经济是中国绿色发展与绿色崛起的实现形态，将为社会经济发展起到推动作用。

#3 生态补偿聚类和#5 生态系统服务聚类在研究视域和方法上具有较高的紧密度，中国学者从法学、经济学、生态学等不同视角对农业、林业、水资源、海洋等领域的生态系统进行价值化评估，或针对不同自然资源研究对象采取市场化或政策化手段设计补偿机制与补偿方法（曹明德，2010）。生态补偿近年来有愈热趋势，相关研究大体可概括为制度建设和定量化实践研究两方面。在制度建设方面，#3 聚类中被引频次较高的代表文献是曹明德在 2010 年发表在《中国地质大学学报（社会科学版）》上的《对建立生态补偿法律机制的再思考》一文，文章对生态补偿的主体、客体、补偿方式和补偿标准进行了再思考，为生态补偿制度进入立法准备阶段进行了探讨。在定量化实践研究方面，常用意愿调查法、影子工程法、机会成本法、效益替代法等方法探讨生态补偿标准、补偿方式的量化。

#5 生态系统服务聚类的轮廓值为 0.878，包含海洋生态资本、生态系统服务、生物多样性、价值评估、绿色核算、自然资本衍生品等子聚类。国内学者对生态系统服务的研究主要集中在价值评价方面。一是结合案例对某种生态系统资本价值的评估。在此阶段初期研究多集中于水生态系统、农田生态系统、森林生态系统，如李海涛等的《基于能值理论的生态资本价值——以阜康市天山北坡中段森林区生态系统为例》一文，聚焦森林生态资本，以能值理论为基础对系统生态资本的能值流量、资本存量进行了研究（李海涛，2005）。二是评估方法的适用性和可行性的研究。2010 年以后，随着经济社会发展和生态环境意识的增强，海洋生态系统、城市绿地生态系统、湿地生态系统等相关研究逐渐增多。学者们根据生态系统服务的类型进行针对性的方法选择。如任大川等将海洋生态资本

界定为海洋资源存量机制和服务价值两个方面，以货币化方法对中国近海海域生态资本价值结构进行了评估指标体系设计。江波、欧阳志云等（江波，2011）结合海河流域湿地生态系统的特征、结构及过程，采用市场价值法、影子价格法和替代工程法等方法，对海河流域湿地生态系统的 12 项生态服务功能价值进行了评价。

3. 生态资本研究纵深拓展阶段

2012 年至今，关于生态资本研究的文献数量急速增长，研究趋于具体化和工具化，计算机运算能力的提高，为自然资本的深入研究提供了技术支持。本阶段聚类图谱主要构成聚类为#4 生态文明建设、#6 invest 模型和#7 生态足迹。为了更清楚地展示热点主题的研究内容，本节选取 2012—2019 年时间段，时间切片为 1 年，生成时区图谱，分析 8 年来中国生态资本研究领域的新动向（图 0-8）。

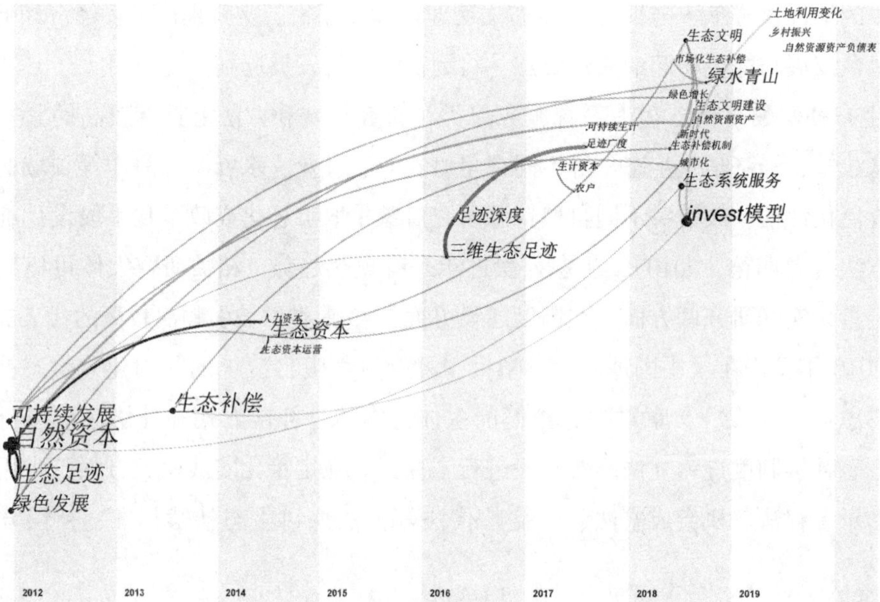

图 0-8　关键词共线时区图谱

第三阶段的研究异常活跃，节点数目众多，高影响力文献频现，聚类规模较大，聚类轮廓阈值（ Sil-houette）均在 0. 8 以上，表明聚类主题明晰，成员间具有相对较高的同质性。图中共有 73 个节点（N），117 条连接线（E），网络密度达到 0. 0445，整体结果良好。2012 年主要研究主题有自然资本、可持续发展、生态足迹、绿色发展等；2013 年学者们开始探究生态补偿、围绕生态补偿展开的衍生研究、资本（人力、生态、生产等）、循环经济等主题；2014 年生态产品、生态经济、生态资本运营成为这一年的关注重点；

2015年研究主题侧重方法的运用，开始将结构方程模型运用于自然资本驱动因素的探讨；2016年足迹深度、三维生态足迹成为关注的重点；2017年围绕农户、精准扶贫、可持续生计和足迹广度展开，这期间对于模型的运用出现了多元化发展；2018年对多元化的定量测度工具的运用持续加强，InVEST模型被广泛运用到研究中，此年度关于“两山理论”“人类命运共同体”背景下的国家政策与需求导向方面的研究逐渐增多，可持续性、生态文明建设、生态环境、绿色增长、自然资源、自然资源资产、高质量发展等成为高频关键词；2019年新的研究主题开始围绕乡村振兴、土地利用变化、自然资源资产负债表等方面的纵深推进，同时在研究点上更加细化，在生态系统碳储量、产业生态化等方面进行聚焦。探其原因，在于保障自然资本与人类福祉，自2012年以来中国学界和政界在科学研究和政策制定方面做出了许多努力。如为推动绿色发展，保障大气、水、土壤污染防治三大行动计划的顺利实施，发布了《中国落实2030年可持续发展议程国别方案》《国家应对气候变化规划（2014—2020年）》等顶层设计方案，推动生态环境保护发生历史性、转折性、全局性变化。

（三）生态资本研究前沿探析

研究前沿是各聚类主题共同走向的延伸，是聚类关键词中的活跃成分，代表着正在或即将涌现的研究方向。突现词（burst term）表示一定时期内某关键词大量涌现，可在一定程度上发现主题词或关键词衰落和兴起的情况；而突现率则体现了学者对某一研究主题的关注强度，开始年份和结束年份间隔的时间越长，说明所受关注越持久（巩杰，2020）。本节利用CiteSpace软件提供的突发检测（burst detection）算法，考察词频的时间发布，检测频次变化率高、频次增长速度快的“突现词”，以1992—2019年数据分析自然资本研究前沿领域和热点。

表0-6　**1992—2019年中国生态资本研究的突现率排名前10的关键词**

突现词	突现率	时间跨度
自然资本	7.0277	1996—2008
可持续发展	12.8645	1999—2007
投资	3.0305	1999—2007
生态资本	3.0305	2002—2009
海洋生态资本	2.9932	2010—2011
生态资本运营	3.8980	2011—2016

续表

突现词	突现率	时间跨度
生态足迹	6. 9728	2012—2017
生态补偿	3. 6060	2014—2016
足迹深度	3. 5456	2016—2019
三维生态足迹	3. 3869	2016—2019

由表0-6可以发现，中国生态资本的研究是一个逐步演变的过程，其研究内容正不断延伸。热点词“可持续发展”突现起始于1999年，热度在2007年以后开始减退，其突现率高达12. 8645。“自然资本”突现起始于1996年，持续至2008年，是所有突现词中时间跨度最长的。目前出现年份较晚且活跃成分较高的热点词是“足迹深度”和“三维生态足迹”，同时出现于2016年，这两个词作为传统生态足迹方法的延伸，在近年来成为核算自然资本禀赋并评估区域经济可持续发展中显现出了重要作用。目前，国内研究多聚焦于自然资本存量、流量的利用程度和规模，关注生态可持续性。在国家尺度方面，方恺等将改进的区域足迹深度和区域足迹广度两项指标用于三维模型，从全国及全球尺度分析了自然资本利用的变化特征（方恺，2013、2014、2015）；在区域尺度上，张星星等（2017）、马维兢等（2017）、靳相木等（2017）分别从城市群、流域、市域尺度对自然资本利用情况进行了探究，并分析了可能的影响因素。总结近三年来对三维生态足迹模型方法的运用，可以发现：自然资本的研究对于生态脆弱区的生态环境建设至关重要，而现有研究多聚焦于省域、市域、城市群角度，关于生态脆弱区自然资本利用与优化等领域的研究相对较少。在研究内容上，基于传统生态足迹的生态资本利用效率度量已取得一定成果，但基于生态足迹广度和深度的效率评价还不够成熟（刘晓星，2019）。现有研究对于不同类型生态资本利用缺乏深入研究，对生态资本驱动力的探索和评估方法的改进将是今后此领域的研究重点。

二、农业生态资本运营的研究

（一）农业生态资本运营的内涵研究

国内关于农业生态资本运营的文献在早期多散落在生态资本的研究中，如董捷（2003）在《农业技术经济》杂志上发表《论自然资本投入与农业可持续发展》一文，提出了将自然资本思想与农业发展问题相结合的理念，认为研究自然资本投入的重要性和发展可能途径是实现农业可持续发展的关键①。同年，蔡奇从实践层面提出了加快农村人力资本与生态资本的“两个资本开发”的理念，其认为针对经济欠发达地区应该通过自身后发优势，实现跨越式发展，就必须以生态项目为重点，生态示范点为基础，生态机制为要害。② 生态资本从理论到实践的萌芽，揭示了生态资源与环境自身的存在价值，将环境保护与经济发展两者对立的关系转化为统一的关系，理论的交融得以提出新命题——农业生态资本运营。

自2009年开始，农业生态资本运营的思想已见雏形，严立冬等（2009）发表在《农业经济问题》期刊上的《绿色农业生态资本化运营探讨》，首次明确提出了“农业生态资本运营”的概念，认为绿色农业生态资本对促进农村“两型社会 ”建设具有重要作用，“绿色农业生态资本运营能实现绿色农业生态资本的经济价值，且能确保绿色农业生态资本的保值和增值”。此后，严立冬团队对农业生态资本价值评估与定价（2009）、绿色农业发展过程中的外部性问题（2009）、农业生态资本的积累机制（2011）等问题进行了探索，为农业生态资本内涵与外延、具体运行机制进行了构建，为今后的研究奠定了基础。2014年，陈光炬基于农业生态资本价值研究，对农业生态资本运营的概念、条件及过程进行了分析，作者将其概念定义为农业生态资产要素化、产品化、市场化的经营管理过程。农业生态资本运营的内涵研究并没有自此停止探索，反而呈现深化发展的态势。高吉喜（2016）将“生态资产资本化运营”应用于森林资产资本化研究领域，并总结出包括运营主体、客体、市场平台和核心动力四部分的运营要素。③ 赵越等（2019）在界定森林生态资产资本化运营的基础上，分别从运营要素、补偿机制和政策工具三个视角对森林生态资本进行了文献梳理，并提出了今后研究的方向。④ 农业生态资本运营是在可持续发展资本观下对农业生态资源与环境进行合理开发与科学管控，并依托生态资本所具有的自我增值功能激活经济发展的结果，其实质上强调的是对生态资产市场化运作。

（二）农业生态资本运营的模式研究

在农业生态资本运营模式研究方面。初期的探讨集中在模式设想方面，在农业生态资本运营实践过程中，应遵循农业生态资本运营的客观规律，注重可持续性、区域性与多样性，基本建立起了农业生态资本存量非减性原则（Ekins，2003）。在明确基本原则的基础

① 董捷．论自然资本投入与农业可持续发展［J］．农业技术经济，2003（1）：28-30.

② 蔡奇．加快农村人力资本与生态资本开发［J］．浙江经济，2003（17）：24-25.

③ 高吉喜，范小杉．生态资产概念、特点与研究趋向［J］．环境科学研究，2007（5）：137-143.

④ 赵越，王海舰，苏鑫．森林生态资产资本化运营研究综述与展望［J］．世界林业研究，2019，32（4）：1-5.

上，衍生出以农业生态与经济协同发展为主题的“实现生态经济化与经济生态化联动”的模式研究，其中“资本化运营模式”占据了半壁江山。农业生态资本化运营是农业生态资本运营的一种特殊模式，强调以现代经济制度将农业生态资源价值纳入农业经济发展框架，将农业生态资本作为与农村人力资本、物质资本、金融资本相匹配的农业现代化发展要素之一，具有较强的启示作用。以水资源和森林资源为例，水资源是重要的农业生态资源，由于水资源产权制度的比较优势，在探索初期水资源资本化研究引起较大的关注。严立冬等（2011）等学者对水资源资本化基本模式进行了有效的探讨，对农业生态资本运营的福利效应进行研究，提出了诸如发行水股票、水证券、水基金、水期权等具有较强应用价值的资本化运营模式。林业资源资本化模式研究则侧重模式问题研究。赵越（2019）指出，林业资本化运营模式的开展必须解决林业产权问题。此外，立足政府引导和企业主导结合，崔莉（2019）提出了实现生态产品价值市场化的“生态银行”模式也成为研究的热点问题。陈光炬（2011）对农业生态资本运营模式进行系统归纳与总结，将绿色农业、循环农业与低碳农业分别对应于农业生态资本存量型、增量型与平衡性运营模式。近年来，农业生态资本运营的绿色农业、循环农业与低碳农业模式的广泛应用与研究推进，其研究重心已不再聚焦回答模式是什么的问题，而将重点放在模式推广与模式创新等具有较大实践价值的研究主题上。如广东绿谷模式（杜松华，2017）、生态脆弱区“舍饲养殖”模式（闫春华，2019）、虾-稻综合种养模式（杨兴杰，2020）等新兴生态农业模式研究的展开。

（三）农业生态资本运营的效益研究

农业生态资本运营的效益研究主要集中在低碳农业、循环农业、绿色农业等运营模式所产生的社会、经济、生态效应等方面的研究。严立冬、崔元锋（2009）结合我国绿色农业发展背景和现状，将绿色农业作为一个独立的经济体系进行研究，从生态效益水平、经济效益水平和社会效益水平三个方面构建了绿色农业发展水平综合评价体系。车宗贤（2011）以石羊河流域绿灌区位研究区域，考察了种养结合、大田设施配套、小型养殖场共三种绿色农牧业发展模式，并对模式、特点、技术集成要点及效益进行阐述分析。骆旭添（2011）以闽北地区的福建省南平市炉下镇为研究对象，采用 AHP 法、Delphi 法和模糊综合评价（FCE）三种方法对闽北地区低碳农业效益进行实例验证，对低碳农业发展和综合效益评价具有指导意义。管明（2012）以江苏太湖流域典型农业园为案例，分析了有机低碳农业投资构成、经济效益和环境效益，探讨了低碳金融创新对引导金融机构和社会资本投资有机低碳农业发展的意义。李富佳等（2015）研究了定西市安定区循环农业系统，通过建立 SD 模型，基于 10 年跟踪调研数据，模拟了未来 10 年循环农业系统的运行，发现循环经济能提升经济效益、生态效益，有利于消除生态脆弱及贫困的双重压力。孙正东（2017）从系统论视角出发，以安徽双福粮油公司产业化联合体为研究对象，考察了现代农业产业化联合体运营效益产生的过程和运行机制，文章借助最小成本模型和线性加权函数法对联合体的运营效益做出定量分析和评价，为制定实施现代农业发展战略提供有益借鉴。张莹（2018）通过对利用农业后备资源发展生态循环农业的现实意义、综合效益分析，总结利用农业后备资源发展生态循环农业的模式和路径。由此可见，农业生态资本运营效益研究主要围绕绿色农业、低碳农业、循环农业展开，考量方法多通过建立指标体系探究生态效益和经济效益的双赢性，造成这种现象的原因可能在于依据现有的农业生态资本运营内涵，难以构建相应的综合评价指标体系，并寻找匹配数据进行量化分析。

三、农业生态资本运营效率及影响因素的研究

“效率”是经济学领域的常见概念。一般意义上，效率是指投入与产出之间的比率。这一比率的数值如何，体现了特定社会经济模式下各类资源的配置和利用的质量与状态。关于效率的测度，常用的方法有投入产出比值法、模糊综合评判法、层次分析法、前沿分析方法（Stochastic Frontier Analysis，SFA）、数据包络分析（Data Envelopment Analysis，DEA）等，已被应用到多个领域。

目前，国内外在农业生态资本效率及影响因素方面的研究尚处于起步阶段，相关研究从农业生态资本效率、生态资本效率和海洋生态资本效率展开。如屈志光等①（2014）对全国范围内农业生态资本效率进行了界定，并采用 SBM-DEA 模型对农业生态资本的投入产出进行了测度及分析了影响因素；杜玉玲等②（2017）以超效率 DEA 模型为核心，考察了我国沿海十一省市的海洋生态资本效率，并对各省市海洋生态资本效率与经济效率耦合协调关系进行了分析，发现我国海洋经济与生态协调发展的态势依然严峻；石健和黄颖利③④（2019，2020）运用超效率数据包络分析法从区域层面和全国层面对生态资本效率的时空差异和影响因素进行了分析。虽然当前对农业生态资本及运营效率方面的研究涉及不多，但围绕“农业生产效率”“生态效率”“全要素生产率”等相关主题及测度方法的

① 屈志光，陈光炬，刘甜．农业生态资本效率测度及其影响因素分析［J］．中国地质大学学报（社会科学版），2014，14（4）：81-87.

② 杜玉玲，王嵩．海洋生态资本效率研究［J］．时代金融，2017（5）：228-237.

③ 石健，黄颖利．东北地区生态资本效率时空差异与影响因素［J］．应用生态学报，2019，30（10）：3527-3534.

④ 石健，黄颖利．中国省域生态资本效率时空演变特征及影响因素［J］．统计与决策，2020，16（22）：100-104.

研究为本书的开展提供了思路。

（一）农业生产效率及其影响因素的研究

一般说来，提高农业产出的途径大致有两条：一是外延式，即增加要素投入；二是内涵式，即提高要素配置效率，使单位投入的产出更高。要转变农业生产方式，实现农业的可持续发展，就要重视提高要素配置效率。

因国情、农业资源禀赋、地理环境的不同，国外学者对农业生产效率的研究多以农户、农场为研究对象，围绕农业生产效率及测度方法展开研究。如 Ball 和 Bureau 等（2001）① 研究了美国和九个欧洲国家在 1973—1993 年农业部门生产力的相对水平，结果显示比利时相对于美国的生产力水平最高，爱尔兰的相对生产率最低，并验证了收敛趋势的存在。回归结果表明，生产力收敛程度与生产力初始水平呈高度显著的负相关，与“追赶”假说相一致。研究结果普遍支持资本积累和生产率增长之间存在正相关作用的观点。Ramanathan（2003）使用 DEA 模型分析研究了 174 个欧盟和非欧盟国家在 2004—2008 年的农业生产效率，测算得出欧盟国家的农业生产效率值为 43.2%，非欧盟国家的效率值为 41.4%。② Boris E 等（2007）采用元回归分析研究了发展中国家和发达国家的 167 个农场水平技术效率（TE），结果表明：随机前沿模型比非参数确定性模型产生更低的平均 TE（MTE）估计值，而参数确定性前沿模型产生的估计值比随机方法低。在对西欧和大洋洲国家进行的研究发现，西欧的农场水平技术效率高于大洋洲国家，其次是亚洲、非洲、拉丁美洲和北美国家，东欧国家的研究显示估计值最低。③

国内学者多从国家和省市层面对农业生产效率进行研究，考虑的因素以土地、资本、劳动等生产要素为投入，农业经济效益为产出。如孟令杰（2000）是国内较早使用非参数的数据包络分析对农业生产率进行测算的学者，其从省级层面出发，采用非参数 DEA 方法，将 28 个省级地区置于相同的技术标准之下，以播种面积、农业劳动力、化肥等作为投入指标，以农业国内生产总值 GDP 作为产出指标，对 1980—1995 年中国农业产出的技术效率（Technical Efficiency）进行了测量，并分析了 20 世纪 80 年代以来我国农业生产技术效率的变化动态及地区差异特征。④ 李周、于法稳（2005）基于西部地区县域层面数

① Ball V E, Bureau J C, Butault J P, Nehring R. Levels of Farm Sector Productivity: An International Comparison [J]. Productivity Analysis, 2001, 15 (1): 5-29.

② 宋月茹，尉京红．农业生产效率研究综述［J］．合作经济与科技，2020（15）：32-33.

③ Boris E Bravo-Ureta, Daniel Solis, Victor H Moreira Lopez, et al.. Technical Efficiency in Farming: a Meta-regression Analysis [J]. Journal Productivity Analysis, 2007, 27 (1): 57-72.

④ 孟令杰．中国农业产出技术效率动态研究［J］．农业技术经济，2000（5）：1-4.

据，利用 DEA 方法测算了包括农业生产规模效率、技术效率及全要素生产率的变化情况，并探讨了三种效率与农业可持续发展间的关系。① 贺志亮、刘成玉（2015）运用三阶段 DEA 模型对 2012 年中国农业生产效率进行了测算，发现农村居民人均纯收入、财政支农支出是积极因素，同时农村人口受教育程度和自然灾害是不利因素。② 从这一时期起，环境因素进入了传统农业生产效率的研究视域。此后，国内学者从不同角度探讨了农业生产效率促进或影响社会经济发展的方方面面。如杨国涛等（2020）将中国农业生产效率与减贫效率相结合；杨志辉等（2020）从消费者效用角度将污染治理和生态效率相结合，探讨农业污染治理效率对提高城乡就业的影响③；蔡荣、陶素敏（2020）使用三种随机前沿分析模型探讨了农业化肥投入的效率及空间差异的变迁情况④。

通过对上述成果进行梳理，不难发现，在农业生产效率研究的初始阶段，学界多采用最传统的方法，对劳动、土地、资本等单个要素进行考察，测算其生产效率。但随着时间的推移和研究方法的不断完善，国内外学者已从“单要素生产效率研—多要素生产效率—全要素生产效率”研究转化。现阶段多个要素综合考虑的农业生产效率逐渐成为主要研究对象。⑤。

Grilliches（1957）首次将全要素生产率（Total Factor Productivity）运用到农业领域中，以杂交玉米为研究对象，测算不同州的技术采纳速度对经济增长的影响，通过研究发现全要素生产率对美国农业经济发展有显著促进作用。⑥ 1977 年，Aigner，Lovell 和 Schmidt 等提出随机前沿生产函数模型和估计方法，该方法至今仍是经济学研究领域的重要方法。Battese（1992），Bravo-Ureta（1993）等对农业生态效率方面的应用进行了归纳，总结了 5 种类型：一是 Kumbhakar 等（1991）对 Zellner-Revankar 的随机前沿生产函数模型进行了特殊化处理，把技术效率假设为其他解释变量的函数；二是 Reifschnei 等（1991）提出了一个随机前沿生产函数模型，假设模型效率函数与随机误差均为非负值；三是 Huang 和 Liu（1994）提出了一个非中性前沿生产函数模型，假设

① 李周，于法稳．西部地区农业生产效率的 DEA 分析［J］．中国农村观察，2005（6）：2-10，81.

② 贺志亮，刘成玉．我国农业生产效率及效率影响因素研究——基于三阶段 DEA 模型的实证分析［J］．农村经济，2015（6）：48-51.

③ 杨志辉，李晓春．农业污染治理及生产效率提高对就业的影响［J］．南京农业大学学报（社会科学版），2020，20（1）：127-138.

④ 蔡荣，陶素敏．中国农业化肥投入效率空间差异及动态变迁［J］．华中农业大学学报（社会科学版），2020（6）：57-66，163.

⑤ 周群力．我国农业规模经济的变化与政策含义［M］．北京：中国发展出版社，2016.

⑥ Griliches Z Hybrid corn. An Exploration in the Economics of Technical Change［J］．Econometric，1957，25（4）：501-522.

技术效率受到厂商的各种特定变量以及这些变量与前沿生产函数中投入变量之间的相互关系的制约；四是包络数据的一个前沿生产函数（Battese，1992）在技术效率的解释变量可能包括时间变量；五是 Coelli（1995）基于 Battese 提出了基于时间序列的数据包络前沿生产函数模型①。

全要素生产率是指除去增长中资本和劳动力等有形生产要素（农用机械、土地、化肥等）外，其他生产要素（如体现了知识、技术培训、规模经济、组织管理）所带来的产出增长率。全要素生产率核算方法包括两大类：参数方法（如索洛余值、随机前沿法、隐性变量法）与非参数方法（如指数法和数据包络分析法）。

林毅夫（1992）采用省级面板数据，通过建立 C-D 生产函数，评估了我国 1978—1984 年 28 个省份在实施家庭联产承包责任制期间去集体化、价格调整和其他改革对我国农业增长的贡献。研究发现：家庭联产承包责任制的变化对产量的提高贡献最大，这一时期的农业产出增长了 43.33%，其中 48.46%来源于全要素增长率的贡献，得出农业产出的提升主要是由于制度变化的结论。② 然而，C-D 生产函数也有自身的缺陷，其本身排除了技术进步是希克斯中性的，且不能反映投入要素弹性是规模报酬不变的假设。基于此，赵芝俊、张社梅（2006）以投入要素弹性可变作为假设条件设立函数形式，测算了 1986—2003 年我国农业技术进步贡献率，发现研究期内我国农业产出总体上属于粗放型经济增长模式，但农业技术进步水平不断提高。③ 全炯振（2009）结合非参数 Malmquist 生产率指数模型和参数随机前沿函数模型，分省份和区域层面测算我国农业全要素生产率（TFP）变化指数，发现我国农业全要素生产率的增长主要来自农业技术进步。④ 张乐、曹静（2013）应用随机前沿生产函数法对 1991—2010 年我国农业全要素生产率进行测度并分解为技术变化、配置效率变化等四部分，研究发现：我国农业全要素生产率增长速度呈总体递减趋势，且存在明显地区差异。配置效率增长有可能是促进地区农业全要素增长率的因素来源，而规模效率变化起到阻碍作用。⑤ 潘丹等（2013）考虑了资源和环境的约束，将

① 刘璨．1978—1997 年金寨县农户生产力发展与消除贫困问题研究——前沿生产函数分析方法［J］．中国农村观察，2004（1）：35-43，55-81.

② Lin J Y. Rural Reforms and Agricultural Growth in China［J］. American Economic Review，1992，82（1）：34-51.

③ 赵芝俊，张社梅．近 20 年中国农业技术进步贡献率的变动趋势［J］．中国农村经济，2006（3）：4-12，22.

④ 全炯振．中国农业全要素生产率增长的实证分析：1978—2007 年——基于随机前沿分析（SFA）方法［J］．中国农村经济，2009（9）：36-47.

⑤ 张乐，曹静．中国农业全要素生产率增长：配置效率变化的引入——基于随机前沿生产函数法的实证分析［J］．中国农村经济，2013（3）：4-15.

水资源和农业面源污染因素作为影响农业生产和人民利益相关的负向效应纳入分析框架，测算了我国30个省份的农业全要素生产率，并对我国农业经济增长绩效进行了评估，研究发现，考虑资源环境约束的东部地区农业全要素生产率要高于中西部地区。① 周鹏飞等（2019）采用DEA-Malmqist指数法与两步系统GMM模型对我国30个省份的农业TFP及驱动因素进行了研究，发现农业全要素生产率的增长极大地依赖财政支农、城镇化、工业化进程等对农业基础设施的改进。②

（二）农业生态效率及影响因素的研究

基于上一节对农业生产效率的梳理，可以看出传统农业生产效率的测算较少考虑环境因素，在测算过程中易抛弃环境因素使得农业生产效率的测算结果缺乏综合性。学者们在研究中意识到这一问题后，在后续研究中将农业污染、农业碳排放等因素逐渐纳入农业效率领域的研究范畴，使得农业生态效率、农业技术效率的测算以及评价更加全面、合理③。

2010年，Keating等学者探讨了生态效率概念的多维性，研究认为生态效率的概念包括可持续农业的生态和经济两个层面。农业生态效率适用于跨越不同空间和时间尺度的农业，从细胞代谢到作物、农场、地区和生态系统。预测未来几十年农业面临的挑战将是提高农业用地的生产力，以满足对粮食和纤维日益增长的需求。实现这种生态效率，同时应对风险和多样性，将是未来农业的一个重大挑战。④ Andrés J. 等（2011）以坎波斯县雨养农业系统的西班牙农场为例，利用数据包络分析技术对农场和特定环境压力水平的生态效率分数进行分析。结果显示，农场的生态效率非常低，在特定的环境压力之间几乎没有出现差异。此外，生态低效率与投入管理方面的技术低效率密切相关。在生态效率的决定因素方面，受益于农业环境项目的农民以及受过大学教育的农民的生态效率更高。此外，共同的农业政策农业环境项目是提高生态效率的有效手段。⑤ Liu等（2020）以1978—

① 潘丹，应瑞瑶．资源环境约束下的中国农业全要素生产率增长研究［J］．资源科学，2013，35（7）：1329-1338.

② 周鹏飞，谢黎，王亚飞．我国农业全要素生产率的变动轨迹及驱动因素分析——基于DEA-Malmquist指数法与两步系统GMM模型的实证考察［J］．兰州学刊，2019（12）：170-186.

③ 胡艳芳．内蒙古农业生态效率研究［D］．呼和浩特：内蒙古农业大学，2019.

④ Keating Brian A, Carberry Peter S, Bindraban Prem S, et al.. Eco-efficient Agriculture: Concepts, Challenges, and Opportunities［J］. Crop Science, 2010, 50（2）: S109-S119.

⑤ Andrés J Picazo-Tadeo, José A Gómez-Limón, Ernest Reig-Martínez. Assessing Farming Eco-efficiency: A Data Envelopment Analysis Approach［J］. Journal of Environmental Management, 2011, 92（4）: 1154-1164.

2017年我国省级面板数据为研究单位，采用Super-SBM模型和影响因素筛选农业基础条件、农业产业结构、农业发展潜力和农业投入力量。结果表明，农业的预期产出与非预期产出同步增加，但投入要素的变化完全不同，并逐渐由资源向物质性转移。整个研究期内，我国农业生态效率由0.405提高到0.713，增幅约为76%。它大致经历了自由发展、促进改革、市场调控和政策激励四个阶段。从影响因素的大小和方向看，实施复混肥补贴政策、提高农民收入、优化农业种植结构、保持农产品价格稳定，可以有效提高农业生态效率。①

通过以上国外学者的研究可以发现，国外多基于生态系统承载能力是经济系统发展的基础这一理念来开展对农业生态效率的研究，目前达成共识的观点在于：一是，农业生态系统的资源供给和对环境污染物的吸纳能力在其可承载能力范围内可以更好地促进农业经济的发展；二是针对自然资源的有限性，以实现人类福祉最大化以及环境影响的最小化目标，据此呼吁提高自然资源的利用效率、减少环境污染以及提供优质安全的农产品。

我国对农业生态效率的研究始于2009年，吴小庆等（2009）以盆栽水稻试验为例，采用超效率数据包络分析模型对农作物品种进行了筛选，并对可能的影响因素进行了分析，通过这一方法的评价和排序，为我国农业可持续发展研究提供了可行方法。此后，朱玉林等（2011）、吴小庆（2012）、潘丹（2013）分别从时间和空间两个维度对省市、区域和国家层面，如湖南省、无锡市、洞庭湖区和全国范围的农业生态效率进行了探讨。②其中，有代表性的研究包括王旭等（2010）利用全国测土配方施肥数据，通过化肥偏生产力、农学效率等指标测算了我国主要生态区小麦施肥的增产效应及变化特点。研究发现，与20世纪80年代初相比，先进各区域施肥量水平均有明显提高；粮食低产区不一定是施肥高效区。③ 潘丹等（2013）在对传统DEA模型进行修正的基础上，采用非径向、非角度的SBM模型对我国30个省份的农业生态效率进行了测算，并从投入改变和产出改变两种视角提出了改进建议。④ 王宝义等（2016）利用SBM非期望产出的扩展模型测算了全

① Liu Yansui, Zou Lilin, Wang Yongsheng. Spatial-temporal Characteristics and Influencing Factors of Agricultural Eco-efficiency in China in Recent 40 Years [J]. Land Use Policy, 2020, 9 (97).

② 吴小庆，徐阳春，陆根法．基于超效率DEA模型的农业生态效率评价——以盆栽水稻试验为例［J］．生态经济，2009（3）：30-33.

③ 王旭，李贞宇，马文奇，张福锁．中国主要生态区小麦施肥增产效应分析［J］．中国农业科学，2010，43（12）：2469-2476.

④ 潘丹，应瑞瑶．中国农业生态效率评价方法与实证——基于非期望产出的SBM模型分析［J］．生态学报，2013，33（12）：3837-3845.

国、东中西部及省际 20 年的农业生态效率，并从效率损失结构分析了存在的冗余①。2018 年，王宝义、张卫国两位学者基于 1996—2015 年的省级面板数据，研究了我国农业生态效率的省际差异和影响因素，其采用基尼系数、对数离差值、泰尔指数等指标对省际差异进行了分析，并对可能的收敛结果进行了检验，发现人均农业增加值与农业生态效率间存在正"U 形"曲线关系。②

（三）农业生态资本运营效率测度方法研究

生态资本效率进入学者研究视域并开展深入研究的时间较晚，在农业方面，我国的研究还主要处于起步阶段，目前代表性的文献是严立冬等（2013）和屈志光等（2014）学者从全国范围内探讨了农业生态资本效率测度的方法及生态资本投资或农业生态资本投入对生态资本效率的影响，其常用的方法为 SBM 模型和 Tobit 回归等。无疑前辈们的研究对进一步探索农业生态资本运营效率奠定了基础，同时也有必要结合农业生态效率的相关研究进行对比与梳理，提炼和总结适用于本研究切实可行的思路与方法。从以上两节关于农业生产效率和农业生态效率的研究梳理可以发现，常用的效率测度方法可以概况为参数估计和非参数估计两种类型。其中，参数估计中常用的方法是随机前沿分析法，而非参数估计使用最多是数据包络分析法（DEA）。

1. 随机前沿分析法

随机前沿分析法（Stochastic Frontier Analysis，SFA）是通过确定前沿生产函数的参数来确定生产前沿面，其优点是考虑到了随机因素在实际产出上的影响，从而使得技术效率的测度具有一定的针对性，评估结果不受异常点的影响（Caves et al.，1982），但是具体的生产函数和投入产出指标分布情况的不易获得往往给其使用带来不便。SFA 法最初是在 1977 年分别由 Lovell、Aigner 和 Schmidt③，Meeusen 和 Broeck④，Battese 和 Corra⑤ 提出。后来为了增强该方法的适用性，又有很多学者对随机前沿函数进行了完善，如 Schmidt 和

① 王宝义，张卫国．中国农业生态效率测度及时空差异研究［J］．中国人口·资源与环境，2016，26（6）：11-19.

② 王宝义，张卫国．中国农业生态效率的省际差异和影响因素——基于 1996—2015 年 31 个省份的面板数据分析［J］．中国农村经济，2018（1）：46-62.

③ Aigner D，Lovell C，Schmidt P. Formulation and Estimation of Stochastic Frontier Production Function Models［J］. Journal of Liconometrices，1977，6（1）：21-37.

④ Meeusen W J，Broeck V D. Efficiency Estimation from Cobb-Douglas Production Functions with Composed Error［J］. International Economic Review，1977，18（2）：435-444.

⑤ Baltese G E，Corra G S. Estimation of a Production Frontier Model：with Application to the Pastoral Zone of Eastern Australia［J］. Australia Journal of Agricultural Economics，1977，21（3）：169-179.

Sickles（1990）及 Kumbhakar（1996）等。最完善的是 1995 年 Coelli 等人加入时间变化的因素对其进行改进的数据模型。张俊飚等（2011）根据 Coelli 和 Battese（1995）模型的基本原理，运用超越对数生产函数对 1996—2008 年我国省级面板数据进行分析，测度了全国及华南、华中、东南等地区农业科技资源的技术效率及其影响因素。① 彭代彦等（2013）运用 SFA 方法测度了 2003—2010 年农村劳动力结构变化对农业生产技术效率的影响，并结合 Malmquist 指数，分析了农业全要素生产率的变化及其构成。② 龚斌磊（2018）对随机前沿分析方法中的不同模型进行对比分析，选用模型平均法，综合考察 5 种生产率分析模型，并根据各模型解释能力赋予不同权重，并利用 SFA 法结合增长核算表投入要素弹性，解析了 1990—2015 年中国农业生产率及农业增长的内部结构。③ 彭甲超等（2019）引入农业中间消耗品（包括物质产品消耗和非物质性服务消耗），选择半参数 LP 方法考察了 1999—2016 年我国 30 个省市的农业全要素生产率，并基于空间 Tobit 模型分析了影响农业全要素生产率的关键因素④。

2. 数据包络分析法

与 SFA 相比，数据包络分析法（DEA）是通过线性规划的方法来度量效率，最大的优点是首先它能够跳过具体的生产函数并且覆盖指标间的隐性关系；其次，它不需要已知生产前沿的具体形式，而只需已知投入产出的数据，能方便处理决策单元多产出情况；最后，比较实际效率和目标效率，可以得到无效生产单元与有效生产单元的差距（孟令杰、李静，2004）。Cook 等（2014）认为 DEA 方法不是回归模型，只是一个基于线性规划的基准评价工具，因此对投入产出指标数作出严格限制是无意义的。⑤ 作为一种估计生产边界的非参数方法，在 Sherman 和 Gold（1985）第一次将 DEA 用于农业产出效率分析之后，该方法被广泛应用于农业领域（Chortareas et al.，2012；Giokas，2008；Holod & Lewis，2011；Staub et al.，2010；Toci & Hashi，2013）。因此，在选择测算方法时，选择数据包络分析法的学者更多。DEA 法主要包括评价决策单元技术效率的 C^2R 模型和分解评价纯技术和规模是否有效的 BC^2 模型，以及 Malmquist 生产率指数法。学者们使用得更多的是

---

① 杨传喜，张俊飚，李树明．农业科技资源技术效率的测算与分析——基于农业生态区划的视角［J］．中国科技论坛，2011（6）：138-143.

② 彭代彦，吴翔．中国农业技术效率与全要素生产率研究——基于农村劳动力结构变化的视角［J］．经济学家，2013（9）：68-76.

③ 龚斌磊．投入要素与生产率对中国农业增长的贡献研究［J］．农业技术经济，2018（6）：4-18.

④ 彭甲超，易明，付丽娜．中国农业全要素生产率的再检验——基于省级面板数据农业中间消耗品的分析［J］．中国管理科学：1-13.

⑤ 王佳楣．陕西农村金融市场开放、效率及其影响机制研究［M］．北京：中国金融出版社，2017.

Malmquist 生产率指数法①。顾海、孟令杰（2002）对全要素生产率进行了界定，描述了非参数的 Malmquist 指数的理论推导过程，分析了我国 1980—1995 年农业生产率的变化及其构成，是国内较早采用 DEA 算法测度技术进步、技术效率改进和规模效率变动的研究。② 韩海彬、赵丽芬（2013）在前人的基础上，考虑了农业 TFP 的收敛性问题，将 Malmquist-Luenberger 生产率指数作为环境因素纳入农业 TFP 分析框架，利用单元调查评估方法对农业面源污染进行了核算，考察了 1993—2010 年环境约束下我国各省份农业 TFP 增长。③ 李谷成（2014）采用了考虑非合意产出的非径向、非角度 SBM 方向性距离函数模型，同样采用单元调查评估法对我国农业的绿色生产率进行了测算，研究发现：环境问题仍是今后一定时期重要的发展问题，要实现绿色生产率革命需要处理好资源与环境的关系。④ 杜江等（2016）采用拓展的 GML 指数方法，构建了我国省级层面包括污染产生及排放的种植业投入产出的面板数据，测算了 ETE、TC 和 ETFP 效率，并利用 Tobit 模型，分析了农业环境全要素生产率及其成分变动的影响因素。⑤ 肖琴等（2020）基于资源环境约束角度，运用 DDF-GML 指数方法测算了我国 30 个省农业绿色生产中投入、产出和非期望产出的减排潜力，并对研究省份进行了分区，通过 GML 指数得到五类区域在环境约束下的农业绿色生产率及影响因素变动情况。⑥

3. 农业生态资本效率的收敛性研究

“收敛”（Convergence）是很多增长模型的自然推论，用于描述地区间或国家间的收入差距随着时间的推移存在着减少的趋势。国外学者将这一概念引入农业领域，研究农业经济增长中的收敛性，并从不同区域采用不同方法展开了一系列研究（Cabral & Mollick，2012；KAOKO，2012；Ryan& Autumn，2015；Yerken，2016；Clive& Ewert，2018；Mohamed，2019）。在新古典经济学发展阶段，Solow-Swan 模型（Solow M.，

① 李健，王芳，钟惠波．中国经济增长质量的驱动因素分析［M］．北京：国家行政学院出版社，2016.

② 顾海，孟令杰．中国农业 TFP 的增长及其构成［J］．数量经济技术经济研究，2002（10）：15-18.

③ 韩海彬，赵丽芬．环境约束下中国农业全要素生产率增长及收敛分析［J］．中国人口·资源与环境，2013，23（3）：70-76.

④ 李谷成．中国农业的绿色生产率革命：1978—2008 年［J］．经济学（季刊），2014，13（2）：537-558.

⑤ 杜江，王锐，王新华．环境全要素生产率与农业增长：基于 DEA-GML 指数与面板 Tobit 模型的两阶段分析［J］．中国农村经济，2016（3）：65-81.

⑥ 肖琴，罗其友，周振亚，何英彬．中国农业绿色生产效率的动态变迁与空间分异——基于 DDF-Global Malmquist-Luenberger 指数方法的分析［J］．农林经济管理学报，2020，19（5）：537-547.

1956；Swan W.，1956），是收敛性的研究起点。Barro 和 Sala-I-Martin（1992）在经济增长的实证研究中，将收敛划分成 σ 收敛和 β 收敛①，前者强调发展的速度快；而后者则关注发展指标在横截面上的标准差。σ 收敛系数是指样本期每一年的所有国家或地区生产率对数的方差，如果该系数逐年递减，则说明这些国家或地区经济增长存在收敛性；β 收敛主要是衡量不同经济体间经济增长率之间的差异变化趋势是否呈现随时间而趋同的现象。②

国内外学者在收敛性方面展开了大量的研究。如黄安胜等（2014）对我国省域 30 个省市的绿色农业产出和技术效率进行了测算，选用 σ 收敛和变异系数来考察区域经济增长差异及其变化趋势，并根据测算结果将研究区分为东、西、东北、中部来研究区域经济的差距。③ 于伟咏等（2015）考察了基于碳排放约束的我国 31 个省市的农业能源效率和节能潜力，采用 σ 收敛、绝对 β 收敛和条件 β 收敛研究了不同区域间低碳全要素生产率的差异。④ 方方（2019）以京津冀地区 146 个县域为例，测算了该地区农业生产效率，并对五大农业区的农业生产效率的波动趋势进行了绝对 β 收敛和条件 β 收敛检验，进一步分析了区域间的时空格局演变。⑤ 农业生态效率或农业生产效率的收敛性体现在效率的差距是否随着时间的推移逐渐缩小，在研究农业经济的增长问题方面具有重要的作用。

4. 农业生态资本运营效率影响因素研究

对于效率的影响因素研究，目前常用的测度方法分为两类：一类是用 Tobit 回归模型进行分析；一类是用空间计量模型测度影响因素。程翠云等（2013）借助 Arcgis 空间分析工具对 2003—2010 年我国农业生态效率空间变化趋势进行了可视化描述，以农业生态效率作为因变量，将农业生态投入的环境要素分为资源能源投入和污染物排放量两个部分进行 Logistic 回归分析，通过 F-test 和 Hausman 检验筛选对农业生产资源禀赋、劳动力特征、农业生产资料投入、农业政策支持有显著影响的解释变量，测度农业生态

① Barro R, Sala-I-Martin X. Convergence [J]. Journal of Political Economy, 1992, (2): 223-251.

② 张婷. 中国农业技术创新效率评价及收敛性研究 [D]. 乌鲁木齐：新疆大学，2016.

③ 黄安胜，许佳贤，刘振滨，等. 中国绿色农业技术效率及其省际差异分析——基于 1998—2012 年的面板数据 [J]. 湖南农业大学学报（社会科学版），2014，15（4）：68-75.

④ 于伟咏，漆雁斌，李阳明. 碳排放约束下中国农业能源效率及其全要素生产率研究 [J]. 农村经济，2015（8）：28-34.

⑤ 方方. 京津冀地区农业生产效率的时空格局及收敛性研究 [J]. 世界地理研究，2019，28（5）：130-140.

效率的影响因素。① 洪开荣（2016）运用 Tobit 分析模型，在全国范围内建立回归模型。选取农业市场化程度、机械密度、受灾率、财政支农力度等指标测算影响中国农业生态效率的因素。郭四代等（2018）采用三阶段 DEA 模型评价了省际真实环境下各区域的环境效率水平，选择经济发展水平、人口密度、城镇化水平、开放水平、产业结构等作为环境绩效可能的影响因素进行分析。② 徐祥（2020）采用空间自回归模型、空间误差模型和空间杜宾模型测算了我国粮食主产区的农业生态效率影响因素。③ 杜江等（2016）构建了 22 年省级种植业投入产出面板模型，利用 DEA-GML 指数与随机效应的 Tobit 模型分析了我国农业环境全要素生产率及其成分的全国趋势与区域、省际差异，并对其影响因素进行了剖析。④

四、相关研究评述

从国内外研究现状来看，农业生态资本运营效率研究是一个全新的研究课题。虽然起步较晚，但进展很快，它显示出了多学科交叉的研究态势，亟需通过经济学、生态学、管理学等自然、社会科学的融合，才能取得新的研究进展。归纳起来，其研究格局、研究重点、研究趋势大致如下。

（一）现有关于农业生态资本运营的研究已逐步完善

农业生态资本运营研究广度与深度逐步得到延伸。研究范式由规范研究向实证研究逐步拓展，从最开始的内涵、概念、价值取向研究，逐步向农业生态资本价值估算、农业生态资本运营效率测度等定量研究迈进。研究尺度逐渐聚焦，从整体农业生态系统向农业耕地生态系统、林地生态系统、草地生态系统等分支系统转变。研究对象逐步多元，通过理论挖掘，与贫困理论、产业理论、农业多功能理论不断交融，形成农业生态资本运营式扶贫、农业生态产业融合、农业生态资本多功能性与农业生态产品价值实现等系列研究。然而，在研究方法上，更多的采用的是总结归纳法、逻辑演绎法等定性研究方法，量化研

---

① 程翠云，任景明，王如松．我国农业生态效率的时空差异［J］．生态学报，2014，34（1）：142-148.

② 郭四代，仝梦，郭杰，等．基于三阶段 DEA 模型的省际真实环境效率测度与影响因素分析［J］．中国人口·资源与环境，2018，28（3）：106-116.

③ 徐祥．中国粮食主产区农业生态效率评价、收敛性及影响因素研究［D］．蚌埠：安徽财经大学，2020.

④ 杜江，王锐，王新华．环境全要素生产率与农业增长：基于 DEA-GML 指数与面板 Tobit 模型的两阶段分析［J］．中国农村经济，2016，3：65-81.

究、实证研究方面的文章较少。产生这种现象的原因可能在于农业生态资本运营定义不够清晰与明确，所涉及的指标与数据难以确立和获取，因此在农业生态资本运营量化研究中，应首先对其概念进行探究。

（二）关于农业生态资本运营效率测度的研究刚刚起步

由前文可知，农业生态资本运营效率的研究尚处于起步阶段。尚有许多工作亟待完成。如从研究方法选择上，由于农业生态资本运营过程的复杂性，绝大多数文献将农业生态资本作为一个“黑箱”，采用超效率 SBM 分析方法进行分析，此方法被证明有效，但却忽略了其运营过程中的阶段性及投入产出指标的复杂性，因此亟需分阶段考虑整个运营的全过程。那么现阶段农业生态资本运营现状是怎样的？如何评价量化？农业生态资本运营的内部运行机制如何？内部每一个运营阶段其运行效率如何测算，方法如何选择？影响或制约农业生态资本运营效率提高的因素有哪些？针对存在的问题，如何科学地进行改进？这样这一系列问题是整个研究的创新点与难点。

（三）结合长江经济带研究农业生态资本运营的文献有待深入

从现有的长江经济带农业生态环境研究文章中进行梳理发现，研究多集中于农业生态效率、农业生产效率、农业全要素生产率及与经济增长的关系等方面，鲜有学者基于生态资本理论，将农业生态资本积累、农业生态资本转化以及过程中的投入产出和中间值纳入同一个分析框架，从实证角度考察农业生态资本运营生产率。换言之，一是当前对农业生态资本运营的研究主要停留在理论层面，以定性研究为主，缺少相关的实证检验；二是学者将视角单纯地聚焦于生态本身，或探究生态效率问题，未能与农业经济抑或农业资本转化运营相联系；三是从研究层次来看，现有文献关于农业生态资本效率的研究多集中于全国层面，针对长江经济带的研究不够。长江经济带作为我国农业的重要区域，地域面积跨度大，从分区域的角度来分析更有研究的价值和意义。因此，有必要对农业生态资本运营效率进行一个量化评估。

第三节　研究思路与研究方法

一、研究思路

本书以构建农业生态资本运营效率的理论框架为目标，依托国家社会科学基金“中国自然资源资本化市场建设的政策体系构建研究”（项目编号：15AZD062），以生态资本运营的产生、形成、发展为纵线，以农业生态资本运营的理论基础、效率测度、影响因素分析为横线，总体上沿袭“提出问题—分析问题—解决问题”的研究思路。

首先，提出问题部分。本书从长江经济带农业发展的内外因素出发，发现学术界对农业生态资本推动经济增长的效率问题及相关因素研究一直处于匮乏状态，故试图紧扣现代农业生态化发展的时代主题，提出以生态资源资本化的视角来探索长江经济带现代农业生态资本的运营方式及效率提升。围绕这一问题，通过文献梳理把握研究历程和前沿动态，进而判断研究趋势和发展方向，正式确立起“农业生态资本运营效率”这一研究题目。

其次，分析问题部分。根据研究题目所涉及范围（长江经济带）和内容（农业生态资本运营效率和影响因素），按照应用理论研究的规范化逻辑体例，在辨析和界定生态资本、农业生态资本、农业生态资本运营概念的基础上，将研究步骤设计为四步。

第一步，农业生态资本运营的理论梳理。从农业生态学理论、生态资本理论、“两山”理论和可持续发展资本理论四个方面总结提炼了农业生态资本运营的概念、内涵、条件及过程，并通过理论评析论证了构建农业生态资本运营理论体系的必要性，为农业生态资本运营效率研究奠定了坚实的理论平台。

第二步，农业生态资本运营效率测算方法的提炼。围绕农业生产效率、农业生态效率和农业全要素生产率三类较为常见的研究，总结国外典型效率测度的方法。从时间演进和方法改进的过程中梳理各种效率测度方法的优缺点，归纳出适用于本书基于“农业生态资本运营”的效率测度的可行性方法，为下文的实证检验奠定基础。

第三步，研究区农业生态资本运营效率方法的确定。较之传统 DEA 方法，采用两阶段网络 SBM 模型估算长江经济带农业生态资本运营效率，打开了农业资本运营内部复杂过程的“黑箱”，将运营过程分解为积累阶段和转化阶段两个过程，在此基础上更准确地测算出整个阶段的综合运营效率及效率的动态演化进程，这是本书的核心内容，也是重点和难点所在。

第四步，以经济收敛理论为依据，运用收敛方法研究长江经济带 9 省 2 市农业生态资本运营效率的差距及收敛性动态演变趋势。再运用空间计量对研究区农业生态资本效率的空间相关性进行检验，最后对影响综合效率和阶段效率的一些重要因素进行考察。

结尾部分，基于科学测度的结果，结合长江经济带农业生态资本存量及其运营现状，分析促进或制约运营效率的影响因素，在此基础上提出长江经济带农业生态资本运营的提升策略。

二、研究方法

基于以上研究内容和研究思路，本书主要采用以下三类研究方法。

（一）文献研究法

一方面尽可能梳理国内外关于生态资本、农业生态资本运营、效率测度方法及影响因素测算等方面的文献，了解现阶段学术界在农业生态资本运营效率相关方面的研究水平、研究范式及方法，总结现有成果的亮点、弱点及盲区，为本书在此基础上的深入与改进提供思路与可借鉴的方法；另一方面，基于纸质和电子资源搜集整理统计年鉴，为宏观层面的数据分析积累资料。

（二）对比分析与综合归纳相结合

①对比分析法主要用于长江经济带内 9 省 2 市省域层面和上、中、下游区域层面的农业生态资本运营效率进行综合评价。一方面，从不同时期对上、中、下游区域及 11 省市的农业生态资本运营效率值进行对比分析；另一方面，从静态和动态两个角度对各省市农业生态资本运营效率进行对比分析。②综合归纳法主要用于对农业生态资本运营等相关理论进行梳理和评述；分析农业生态资本运营与经济发展的作用关系，阐释农业生态资本运营的积累阶段和转化阶段的特点及实现机理，构建农业生态资本运营效率测度的分析框架，通过实证检验得出相关结论，并进一步提出提升农业生态资本运营效率的策略。

（三）定性分析与定量分析相结合

①定性分析法主要用于从内外部因素分析长江经济带省域农业生态资本运营的现状，从投入角度和产出角度对主要指标进行描述性分析及可能原因的解释。②定量分析包括构建研究区域农业生态资本运营效率指标体系；采用两阶段网络 SBM 模型法从静态层面测算农业生态资本积累阶段和农业生态资本转化阶段的效率；采用 GML 指数从动态层面判断积累阶段和转化阶段指数变化的差异；借用空间计量方法，采用收敛性检验 、Kernel 密度函数、全局和局部空间自相关分析等方法从区域层面研究上、中、下游区域的效率指数随时间和空间格局；运用面板 Tobit 模型对农业生态资本运营网络效率、积累效率和转化效率的影响因素进行分析。

三、技术路线

本书的技术路线，如图 0-9 所示。

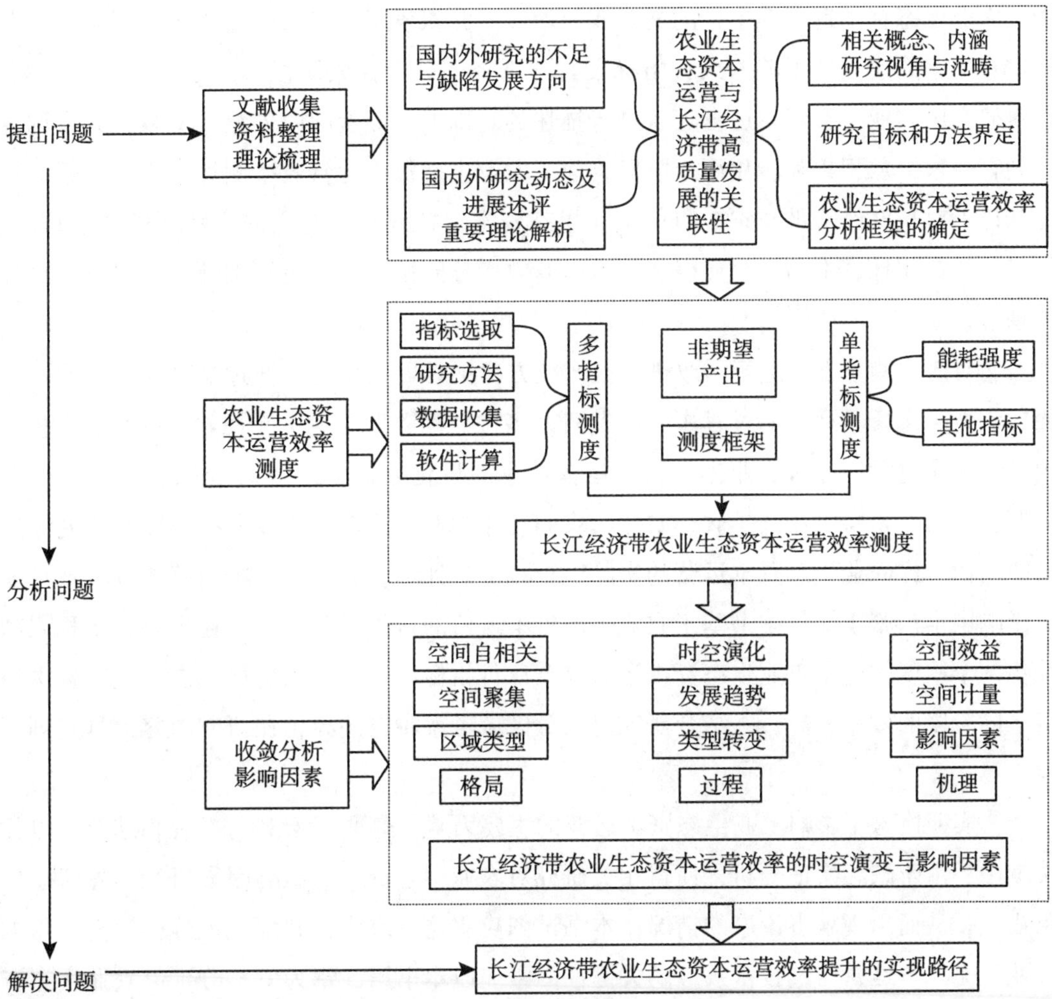

图 0-9 技术路线图

第四节 可能的创新与不足

一、可能的创新点

以往关于农业生态资本运营的研究多围绕内涵、机制、模式等展开，以理论层面研究居多，缺少相关实证研究。本书以生态资源资本化的视角为切入点，选择长江经济带为研究区，对全域 9 省 2 市的农业生态资本运营效率量化评估，分析了影响流域发展的显著影响因素，与既有研究相比，具有一定的原创性和创新性。具体而言，本书可能的创新点主要体现在以下方面。

①对长江经济带农业生态资本运营的时空演变进行了分析。近年来，围绕生态资本、农业生态资本运营等主题的文章逐年增多，并积累了一定的研究成果。但是目前对于这一主题的研究还不够深入，指标设置与选择还处于探索阶段。为了克服这些问题，在对研究区农业生态资本运营现状进行描述的基础上，参考国内外相关文献，并咨询请教同行专家，从积累和转化两个阶段构建了农业生态资本运营效率测算的指标体系。在此基础上对长江经济带 9 省 2 市的农业生态资本运营效率的时空演变特征进行了总结。与以往研究相比，本书对农业生态资本运营效率分阶段的考察更为细致，使得分析更具合理性。

②对效率测算方法进行了改进，是研究方法更具可操作性。通过文献梳理发现，在探讨农业生态资本运营的过程中，前期研究多将“运营”作为一个黑箱，并没有探析其内部的变化过程。在对农业生态资本运营效率的量化分析中，多采用 DEA 模型，仅考虑期望产出，未将农业碳排放、农业污染问题作为非期望产出加以考虑，因此研究结果没能全面考虑农业生态资本运营的实际，很难准确评估农业生态资本运营的效率及可能的影响因素。基于此，本书基于农业生态资本运营的科学内涵，从农业生态资本积累和转化两个维度构建了农业生态资本运营综合评价指标体系，并系统探究农业生态资本运营不同阶段的效率差异，并结合研究对象分区域考察时空差异，在研究内容上具有创新性。

③实证检验了影响农业生态资本运营的主要因素，兼顾了宏观与微观相结合。以往文献中，由于缺乏实证分析，使得相关研究对农业生态资本的影响因素研究多停留于现象描述，从而出现就事论事的情况。本书试图克服这一问题，利用实证分析探究了影响农业生态资本运营与其技术效应的关键性因素。以本书第 5 章为例，分别以农业生态资本运营综合效率、农业生态资本运营积累效率和农业生态资本运营转化效率为被解释变量，以农业机械化水平、固定资产投入、农业产业结构调整、水资源利用程度、财政支农水平、城镇化发展水平和农村人力资本等为解释变量，基于统计数据采用 Hausman 检验，确定随机效应模型和固定效应模型进行计量分析，考察影响综合效率和阶段效率的一些重要因素。

二、有待进一步研究的问题

（一）指标数据的局限性

现阶段学术界对农业生态资本运营的研究尚处于探索阶段。在相关统计年鉴中，部分与衡量生态资本价值评估的相关指标数据存在缺失或需要进行二次测算才能得到，因此其准确度难以科学衡量。如生态服务功能这一指标，现有研究使用森林覆盖率①来代表，虽然在数据获取上容易，但代表性和覆盖面并不适用于农业生态服务领域。目前，对于农业生态服务价值的评估方法主要为两种：一种是谢高地等基于 Costanza 的研究构建的单位面积价值当量因子法②；一种是基于影子价格法、替代成本法、享乐价格法等环境经济学方法开展。前者存在各项服务功能的评价结果量纲不同，无法进行综合评价，结果不够直观的缺陷；后者虽然能够针对具体生态系统的特点进行差异性评价，但是方法复杂，数据获取难度大③，因此本书没有选用这一指标进行测算。

（二）研究视域的局限性

本书仅以长江经济带 9 省 2 市为研究对象，限于时间和数据的可得性没能具体到地级市，这是本书研究的遗憾之处，也是今后努力和完善的方向。今后可以在此基础上采用微观地理单元调研数据，利用可视化表达效率测算结果的空间异质性，从而更直观地展示研究成果。

---

① 石健，黄颖利．东北地区生态资本效率时空差异与影响因素［J］. 应用生态学报，2019，30（10）：3527-3534.

② 王欣，杨君，李婷．基于生态服务价值的生态补偿——以长沙市为例［J］. 江苏农业学报，2019，35（4）：965-972.

③ 陈源泉，高旺盛．中国粮食主产区农田生态服务价值总体评价［J］. 中国农业资源与区划，2009，30（1）：33-39.

第一章　核心概念与理论基础

第一节　核心概念界定

一、农业生态资本

农业生态资本是生态资本概念在农业领域的应用。2009 年严立冬等对农业生态资本的概念进行了界定，认为农业生态资本是人为有意识投资的产物，就其价值而言，具有功能价值、补偿价值和时间价值。就其属性而言，具有二重属性：一是农业生态资源和农业生态环境的自然属性，具有生态功能，遵循生态规律，表现为农业生态资本的使用价值；二是具有资本的一般属性，以保值增值为目的，遵循市场供求与竞争规律，表现出农业生态资本的价值（潘世磊，2019）。农业生态资本是自然因素和人为投资双重作用的结果，包括广义与狭义两种。广义的农业生态资本，是指在确保农产品安全、生态安全、资源安全以及提高农业生态、经济和社会综合效益的基础上，能够提高人们尤其是农村居民生存、生产和生活福利以及创造生态、经济与社会财富的农业生态因素的总和，具有包括与农业相关的农业生态资源、农业生态环境以及农业生态系统提供的生态服务，诸如生态观光、生态文化、生态技术与制度等。狭义的农业生态资本，是指以生产要素形式进入社会经济生产系统，通过与人力资本、社会资本等传统资本共同作用，利用生态技术进行生产与再生产，以生态产品或生态服务的形式实现价值转化，依靠生态市场实现其保值增值的农业生态因素的总和（向双，2020）。

考虑到本书旨在考虑农业生态资本运营效率的运行，结合数据的可得性，本书立足狭义的农业生态资本，重点考察农业生产过程中所必需的农业生态环境与农业生态资源，通过自然和人为的双重作用，在实现生态、资源安全的基础上保证农产品安全以及农业经济的可持续增收问题。

二、农业生态资本运营

农业生态资本运营是随着农业生态化发展产生，是农业生态化发展的有效途径。在农业生态资本运营研究方面，严立冬（2009）、李平衡（2018）先后对其由来、概念、特征进行了界定，并且形成了对这一概念的基本界定：农业生态资本运营是在农业生态化发展过程中，农业生态资本的所有者或经营者将农业生态资产作为一种具体的生产要素，投入农业自然再生产和经济再生产过程，利用现代生态技术实现农业生态资产的形态变换，通过农业生态产品与农业生态环境服务实现农业生态资产的价值转化，依靠农业生态市场实现农业生态资本的保值增值，科学设计并全面实施对农业生产过程的计划、组织、管理和控制，为最终实现农业生态资本长期收益整体最大化而进行的全部经营活动和管理过程。①

本书认为，农业生态资本化运营是生态资本运营的一种特殊形式，强调通过完善生态产权制度，依托市场规律，发挥农业生态要素市场价值，进而实现农业生态资源—农业生态资产—农业生态资本—农业生态投资的良性循环。按照生态资本运营及其他资本运营规律，可以将农业生态资本运营划分为农业生态资本积累和农业生态资本转化两个部分。①农业生态资本积累是指构成农业生态资本的全部存量资源的积累，既包括生态系统的自然积累，也包括人类对生态系统改造的投资积累（雷恒、金海林，2018）。根据自然资源的定义，良好的生态环境之所以有价值，是由于其在现实经济社会发展中的稀缺性。同理，在现代农业生态系统中，农业资源也可以通过影子价格来反映其经济价值。即农业生态资本实质上就是人类依托农业生态系统，通过农业领域的生态资源进行一定的投入，以改善农业生态资源质量及数量，并且这种改善最终表现为农业生态资本存量增加的投资行为。②农业生态资本转化强调的是农业生态资本使用价值的有效转化，即为经济社会提供有效的农业生态产品与优质的生态服务。值得注意的是，无论是有形还是无形的农业生态产品，都具有明显的正外部性，具有公共品的特征。某些农业生态产品的生产过程虽然具有正外部性，但其使用过程却具有排他性和竞争性，符合现代社会追求健康、自然的消费理念，具有明显的商品属性。因此，此类公共产品应交由市场提供，政府在农业资本投资中起主导作用，从税收或财政转移方面对其生产过程的外部性给予补偿，农业企业以及农户成为重要的投资主体。从而形成政府主导、农业企业和农户参与的闭环，将农业生态资源减量化使用、农业生态产品绿色化生产与农业生态产业市场化经营纳入农业生态资本转化的逻辑框架。

---

① 严立冬．农业生态经济学［M］．武汉：武汉大学出版社，2015.

三、农业生态资本运营效率

（一）效率

“效率”是经济学领域的常见概念。一般意义上，效率是指投入与产出之间的比率。这一比率的数值如何，体现了特定社会经济模式下各类资源的配置和利用的质量与状态。① 效率概念的广泛适用，衍生出了市场效率、生产效率、经营效率、制度效率、行政效率、立法效率、司法效率等全新概念，丰富了效率的内涵。效率还与公平一样，构成了社会正义的价值维度，成为法律与社会经济制度的价值追求（张雪梅，2013）。

（二）生态效率

生态效率（eco-efficiency）从字面上理解具有生态和经济的双重含义，这一提法最早是由德国学者 Schaltegger 和 Saturnin 于 1990 年提出。随着这一概念的推广，2000 年 WBCSD（世界可持续发展工商业联合会）对生态效率的概念进行了界定：通过提供具有价格优势的服务和商品，在满足人类高质量生活需求的同时，将整个生命周期中对环境的影响降到至少与地球的估计承载力一致的水平。同年，OECD 将生态效率定义为“能满足人类需要的效率”。其中“产出”被定义为一个企业或经济体提供的产品与服务的价值增加值，“投入”是指一个企业、行业或经济体造成的环境压力。两个组织对于生态效率的提法已为后续学术界定义农业生态效率、农业生产效率奠定了基础，即在考虑最大化经济社会价值增值、最小化生态环境损害②的情况下，考虑价值增值对资源、环境的影响，将经济发展与环境保护纳入同一个概念框架进行讨论。

（三）农业生态资本运营效率

农业生态资本运营兼顾了农业生态和资本运营的统一，农业生态资本运营效率的优劣已成为农业生态化发展的直接影响因素。农业生态资本的运营，是将农业生态资源环境赋予资本属性，明确农业生态环境对农业绿色发展起到的基础性支撑作用，从而促进对农业生态环境与农业生态资源的科学管理与合理利用，其本质是追求用最小化的生态环境代价取得农业生产最大化的社会经济效益，在改善农业生态环境质量的同时促进农业经济增长，缓解生态资源对农业可持续发展的硬约束，不断提高农业生态资源的利用效率，因而

---

① 李传轩．生态经济法：理念革命与制度创新［M］．北京：知识产权出版社，2012：9.

② 袁宝龙．环境规制与制造业生态效率研究［M］．西安：西安交通大学出版社，2018.

农业生态资本运营效率的测度及其提升在农业绿色化进程中的作用就愈发重要。

第二节　相关理论基础

一、农业生态学理论

（一）农业生态系统理论

农业生态系统，是指在一定时间和空间范围内，人们从事农业生产，利用农作物与非生物环境之间以及与作物之间的相互关系，在有目的性的调节和控制下，通过合理的生态结构和高效的生态机能，建立起来的形式多样和发展水平各异的农业生产体系。

农业生态系统是一个复杂巨系统。由于农业生态系统是自然、农作物与农业及农村社会生产活动交织在一起的系统，是一个农业自然再生产与经济再生产相结合的物质生产过程。所谓“自然”再生产过程，是指种植业、养殖业与海洋渔业等，实质上都是生物体的自身再生产过程，不仅受自身固有的遗传规律支配，还受光、热、水、土、气候等多种因素的影响和制约，即受到自然规律的支配。经济再生产过程中，农业生产是按照人们的经济目的进行的，投入和产出受到经济和技术等多种社会条件的影响和制约，即受社会经济规律的支配。人类从事农业生产，就是利用并促进植物的光合作用，将太阳能转化为化学能，将无机物转化为有机物，再通过动物饲养提高营养价值，使农业生态系统为社会尽可能多地提供农业产品。同时，人类运用经济杠杆和科学技术来提高和保护自然生产力，提高经济效益。

农业生态系统是多功能协调统一系统。由于农业生产是按照农作物与环境相统一的基本规律来进行的，种植业和林牧渔业生产都是生物体的再生产过程，各自与其环境之间形成了多种类型的“自然”的生态系统。只有生物与非生物环境之间相互协调、相互适应，农业生产才能获得最优化的效果，无论是作为能量与物质提供者的环境，还是作为生产者的生物体，在一定时空条件下，它们的生产能力都是有一定限度的，农业生产必须在该限度内进行，才能维护整个系统的动态平衡，使农业资源不减退、农业生产不下降。同时，农业生产的目标是多元的，既要保证农产品数量，又要提高农产品质量，还要注重农业生态安全，围绕这些目标的实现，必然强调经济、社会、生态效益的统一，注重在提高农产品数量和质量的同时，保证农业生态环境安全并提高农业的生态环境质量，并努力实现农业的气候改善、景观价值、文化教育等外围功能。

农业生态系统是人工生态系统。农业生态系统是一个以自然生态系统为基础的人工生态系统，它远比自然生态系统结构简单，生物种类少，食物链短，自我调节能力较弱，易受自然气候、病虫害、杂草生长的影响。农业生态系统就其生产力来说应当比自然生态系统更高，因此，除太阳照射外，还必须加入辅助能，如农机、化肥、农药、排灌、收获、运输、加工等，通过人类的劳动和管理，不断地调整和优化农业生态系统的结构和功能，才能以较少的投入得到最大的产出，取得良好的经济效益、社会效益和生态效益，建立一个合理、高效、稳定的农业生态系统。

（二）农业生态修复理论

生态修复是通过强化自然界自身的净化能力和物质循环规律，辅之以人工修复措施来治理被污染的环境，是实现人与自然和谐相处的重要途径。其具体措施是通过一定的生物、生态以及工程的技术与方法，人为地改变或切断生态系统退化的主导因子或过程，调整和优化系统内部及其与外界的物质、能量和信息流动过程及其时空秩序，使生态系统的结构、功能和生态潜力尽快恢复到原有的乃至更高的水平。农业生态修复是一项清洁环境的低投资、高效率、易运行、潜力大的系统工程。

生态修复的理论基础包括恢复生态学理论、景观生态学原理、生态系统的结构理论和干扰与生态演替理论等。恢复生态学主要研究生态系统退化的原因、退化生态系统恢复与重建的技术与方法。景观生态学原理认为，景观受到外界干扰时变化越小，能够保持其相对稳定状态的时间越长，受干扰后恢复到原来状态的时间越短，景观就越稳定。生态系统的结构理论反映了生态系统中的组成成分及其在时间、空间上的分布和各组分间能量、物质、信息流的方式与特点。干扰与生态演替理论研究表明，在没有严重干扰的情况下，自然生态系统会定向地、有秩序地由一个阶段发展到另一个阶段，演替的结果最终会出现一个相对稳定的生态系统状态，但干扰常使生态系统受损并改变，生态系统正常演替总是从低级向高级发展，而干扰使演替进程发生变化，严重时则使生态系统向相反方向演替，生态修复就是使被干扰生态系统的逆行演替转向正常演替。

农业生态修复有利于大幅度提高植被覆盖率，有利于减少水土流失，有利于提高蓄水保水与分洪抗旱能力，有利于改善农业区域小气候。农业生态修复的类型包括森林生态修复、水域生态修复、草地生态修复、海洋与海岸生态修复以及废弃地生态修复等。农业生态修复应坚持自然法则、社会经济技术原则和美学原则。自然法则包括地理学原则、生态学原则和系统原则；社会经济技术原则包括经济可行性原则、技术可操作性原则、社会可接受性原则以及无害化原则、最小风险原则、效益原则等；美学原则包括最大绿色原则、健康原则和文化美学原则。农业生态修复的主要技术有生物修复技术、植物修复技术、物理修复技术和化学修复技术等。生物修复技术的类型包括原位生物修复、异位生物修复、原位异位联合修复。植物修复技术主要体现在重金属污染的植物修复和有机污染物的植物修复。物理修复技术主要有物理分离修复技术、蒸汽浸提修复技术、固化修复技术、玻璃化修复技术、热力学修复技术、热解吸修复技术、冰冻修复技术和隔离包埋技术等。化学修复技术包括化学淋洗修复技术、溶剂浸提修复技术、化学氧化修复技术等。

（三）农业生态补偿理论

农业生态补偿是对农业生态产品和生态服务支付补偿费用的一种制度安排。通过向农业经营者支付生态保护、生态修复、生态发展的直接成本和机会成本，激励人们改变高消耗高污染的传统农业生产方式，采用绿色农业生产方式，以达到保护和改善生态环境、增强生态服务功能、提高农业综合效益的目的，最终实现农业经济效益、社会效益和生态效益和谐统一。

农业生态补偿的理论基础包括公共产品理论、外部性理论和生态服务理论。公共产品理论认为，社会产品可分为公共产品和私人产品，纯粹的公共产品具有非竞争性和非排他性。非竞争性导致公共资源的过度使用，非排他性则容易使人产生“搭便车”心理，出现“公地悲剧”。要解决这一问题，政府管制和政府买单是主要措施，政府与市场交互作用，对公共产品提供者进行成本补偿，使公共产品提供者能够像生产私人产品一样得到有效的激励。公共产品理论是生态补偿的基础理论。外部性理论认为，外部性是指一项经济活动给与这项活动无关的第三方带来的影响，其中给他人造成损害的行为具有负外部性，而使他人受益的行为具有正外部性，由于外部性影响不是在以价格为基础的市场交易中发生的，因而那些得到收益的人无须付费，而蒙受损失的人也无法得到补偿，由此导致社会经济资源配置效率的损失。解决外部性问题的机制是通过政府干预或明晰产权使得经济主体的外部性内部化。外部性理论是建立生态补偿机制的经济学基础。生态服务理论表明：生态服务是生态系统为人类提供物品和服务的统称，它不仅包括人类直接或间接从生态系统得到的利益，还包括对人类生存和发展有贡献的生态产品和生态系统服务功能，生态服务一部分是有形的，更多的却是无形的，前者可以通过生态服务消费市场获得部分补偿，而后者往往需要其提供者牺牲一定的经济增长来进行生态环境的保护、修复和发展，为此，必须对生态服务提供者的直接成本和机会成本予以补偿。生态服务理论是生态补偿的又一重要基础理论。

农业生态补偿是确保农业可持续发展的关键，有利于实现和维护农业生态服务功能，有利于平衡农民经济利益，实现社会公平。由于农业生态服务价值集中体现在生态保护、生态修复和生态发展方面，相应地，农业生态补偿机制就应包括农业生态保护补偿机制、农业生态修复补偿机制、农业生态发展补偿机制。

二、生态资本理论

20世纪六七十年代，随着西方发达资本主义国家工业化和城市化进程的加快，资源大量消耗浪费和环境严重污染问题愈发凸显，资源消耗和环境污染已经严重影响人们日常生产和生活，环境保护理念和环境保护运动应运而生，资源和环境有价的思想开始萌芽，环境资本的概念也逐渐形成。随着人们环境保护意识的增强和资源环境对生产生活的约束越来越严重，自然资源连同自然环境逐渐成为经济社会发展的核心动力，自然资本的概念被提出。自然资本概念的提出得到生态经济学、环境经济学等学科研究人员的积极响应，随着研究的不断拓展和不断深入，进一步提出了生态资本的概念，尤其是1987年布伦特兰委员会提出环境和生物圈是最基本的生态资本之后，生态资本理论就生态资本概念、属性和价值等方面的研究不断发展（严立冬等，2009）。

生态资本理论的提出和发展是经济社会与自然生态环境矛盾激化的结果，也是经济社会文明发展和可持续发展的要求。就现阶段生态资本理论研究成果而论，国内刘思华和严立冬教授团队的研究成果具有明显的代表性，其生态资本理论的主要观点包括以下几点。①生态资本的概念和基本构成。国内刘思华（1997）最早提出生态资本的概念及其构成，指出生态资本是存在于自然界经过人化并可用于人类社会活动的自然资产，是一种新型的、可持续发展的核心资产；并指出“生态资本主要包括四个方面：能够直接进入当前社会生产与再生产过程的资源环境，即自然资源的总量（可更新的和不可更新的）和环境消纳并转化废物的能力（环境的自净能力）；自然资源（及环境）的质量变化和再生量变化即生态潜力”，“生态环境质量”和“生态系统整体作为一个整体的使用价值”。严立冬等（2010）指出，生态资本的构成要素包括生态资本使用价值、生态资本产权、生态技术和生态市场等。

②生态资本的形成过程以及生态资源、生态资产与生态资本的关系问题。严立冬等（2009）指出，生态资源是构成生态环境的具有生态服务功能或生态承载能力的各类自然和人工要素；生态资产是具有明确所有权且在一定技术经济条件下能够给所有者带来效益的稀缺自然资源；生态资本则是具有资本增值性的能产生未来现金流的生态资产。同时，严立冬等（2009）分析了生态资源、生态资产和生态资本之间的关系，即生态资源只有具有稀缺性、产生效益和明晰所有权时才能转化为生态资产；生态资产的所有者只有在能自由有偿转让生态资产并获得其未来收入流时，生态资产才能转变为生态资本，且生态资本是生态资源的最终转化形态。

③生态资本运营方面。邓远建（2011）认为，生态资本运营就是将生态资源和环境作为资本，通过社会经济系统的生产和再生产过程实现价值增值的过程；生态资本运营机制

框架体系包括生态资本运营的积累机制、转换机制、补偿机制和激励机制。严立冬等（2009）将生态资本运营的理念运用到农业领域，认为农业生态资本运营是指在农业生态化发展过程中，将农业生态资产作为生产要素通过自然和经济再生产过程实现其形态和价值转化，达到农业生态资本的保值增值，为最终实现农业生态资本长期收益整体最大化而进行的全部经营活动和管理过程。严立冬等（2011）对绿色农业生态资本积累机制与相关政策进行了有益探索；严立冬等（2015）对绿色农业生态资本运营的收益持续量的约束条件和动态变化进行了研究，指出需要农业经营者加大投入，才能在绿色农业生态资本运营的动态收益中获得最佳持续量。

生态资本及生态资本理论的提出与发展是经济社会发展的必然，将生态资源和生态环境作资本等同视之，不仅可以逐渐改变人们的财富观，更是对资本概念与理论的扩充，无论是在理论层面还是在实践层面都具有一定价值和意义。就本书而言，生态资本以及其理论为研究农业生态资本投资的益贫效应提供坚实的理论基础。

三、“两山”理论

2005 年 8 月 15 日，时任浙江省委书记习近平在浙江省湖州市安吉县天荒坪镇余村考察时首次提出“绿水青山就是金山银山”，这一科学论断被称为“两山”理论。2013 年 9 月 7 日，习近平总书记在哈萨克斯坦纳扎尔巴耶夫大学发表演讲时再次论述“两山”理论：“我们既要绿水青山，也要金山银山，宁要绿水青山，不要金山银山，而且绿水青山就是金山银山。”随着“两山”理论不断发展与深化，“两山”理论逐渐被写入《关于加快推进生态文明建设的意见》《绿水青山就是金山银山：中国生态文明战略与行动》《中国共产党章程（修正案）》等中央文件。“两山”理论从浙江走向全国，从愿景到行动，从自发到自觉，历经实践和理论的双重检验后愈来愈显示出巨大的真理力量，在全面指导中国生态文明建设的同时，重构了中国社会主义现代化的发展理念和道路。

理论的发展源于实践的探索，面对日益增长的生态风险，中国古朴“天人合一”生态观与习近平人与自然“生命共同体观”得到吉安、丽水等试验区检验，绿色发展成为新时期中国发展的题中应有之义。“绿水青山就是金山银山”的科学论断揭示了生态环境与社会生产力的关系，丰富与发展了马克思主义政治经济学生产力理论。正如习近平总书记所指出的“保护生态环境就是保护生产力，改善生态环境就是发展生产力”，生产力内核不应再拘泥于人们在时间活动中创造物质产品与精神产品的能力，还应涵盖支撑与帮助人类创造活动中所占用的生态资源与环境。“两山”理论的提出正是基于生态文明时代生产力内涵的变化对生产力理论的创新与升华，是新时代生态环境与经济发展协调发展的本质体现。

人民群众对新鲜的空气、优质的水源等生态产品与服务的需求已成为“人民日益增长的美好生活的需要”的重要内容。“两山”理论是基于历史的新起点提出的对经济社会全面发展的基本要求，即不仅要建设好“绿水青山”，实现“金山银山”，而且要充分认识保护生态环境与加快经济发展的辩证关系，通过“绿水青山”与“金山银山”之间的相互循环转化，实现两者双循环、双增长、双转化。因此，乡村生态振兴应该在“两山”理论的科学指导下，通过系统思维、科学规划与整合配套实现乡村生态资产存量保值向生态资本增值的转化。

四、可持续发展资本理论

可持续发展资本理论又称“可持续发展理论”。可持续发展概念最早出现在 1980 年由国际自然资源保护联合会、联合国环境规划署和世界自然基金会共同发表的《世界自然保护大纲》一文中。1987 年世界环境与发展委员会的报告《我们共同的未来》一文首次给出了可持续发展的定义：既能满足当代人的需要，又不对后代人满足其需要的能力构成危害的发展。20 世纪 90 年代以后，可持续发展理论成为国际范围的共识。可持续发展包括经济、社会、生态的可持续发展，其核心是处理好人与人之间、人与自然之间的关系。一方面，可持续发展作为人类文明的新进程，处理好人与人之间的关系的核心是实现代内公平和代际公平，形成一个和谐、稳定的环境，促进整个社会的可持续发展。另一方面，可持续发展追求发展的速度与质量，发展的速度构成了国家或地区发展的动力，其动力是由物质资本、人力资本、社会资本、生态资本四种资本的合理流动与优化配置；发展的质量是由人与自然的协调持续发展所衡量，由生产要素、生活要素、生态要素共同组成的绿色高质量发展。经济的发展与生态环境之间的可持续发展是经济社会协调统一所追求的，但两者的相互关系难以处于平衡的状态。David W. Pearce 和 R. Kerry Turner 对此有比较客观、详细的阐述，如图 1-1 所示。

如图 1-1 所示，横轴表示生态资本，纵轴表示生活水平，原点 O 表示的是人们维持最低生活水平的状态。当曲线 LJ 位于 L 点时，表示由于极度贫穷或其他原因引起人们的生活水平低于 O 点；当曲线 LJ 与横坐标相交于K_{min}点时，表示人们维持最低生活水平时所对应的生态资本存量。由图 1-1 可得：①经济发展水平与生态资本存量相辅相成。当生态资本存量不断上升达到 W 点时，经济便进入了“经济的起飞”阶段。阴影部分 PWQ 被称为“可持续发展范式”，即在生态资本存量不发生变化的情况下也能实现生活水平的提高，甚至当生态资本存量下降时，生活水平也有提高的可能性。②生活水平与生存资本之间的关系沿 ZWY 直线发展，这被称为“交换范式”。当生活水平位于 W 点时，只有牺牲生态资本，使生态资本存量达到K_{min}点，经济才能继续得到发展。③当处于“经济的起飞”阶段

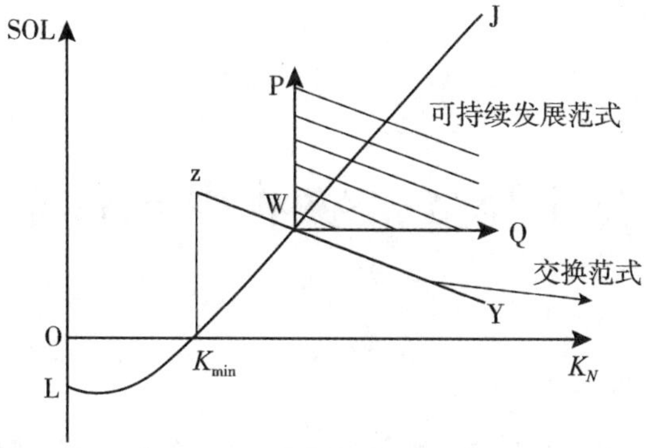

图 1-1　可持续发展示意图

时，即位于 W 点。W 存在着向 Z、Y 两点移动的可能性，由于生态资本能给人类社会带来经济和社会效益，因此需要尽可能使 W 点向 Y 移动，以增加生态资本存量。因此，只有加大生态资本投资力度，提高生态资本的利用效率，保持生态资本的存量非减性原则，真正实现生态资本的可持续发展。

第二章　长江经济带农业生态资本运营现状

第一节　长江经济带农业生态资本运营条件分析

一、研究区概况

长江经济带横跨我国东、中、西三大区域，包括 9 省 2 市，面积约 205 万平方公里，占全国总面积的 21.38%。从地形上看，长江经济带除了占 65%的山地和占 24%的丘陵之外，平原和湖泊占比 10.4%，而且分布相对集中，主要在长江中下游平原和四川盆地，适于集中进行农业开垦。长江经济带承载全国约 1/2 的农业人口，保有全国 1/3 的耕地面积，水资源、森林资源约占全国总面积的 39.47%和 40.77%，域内的太湖平原、江淮地区、鄱阳湖平原、江汉平原、洞庭湖平原和成都平原在全国九大商品粮基地中占据六席，是我国现代农业发展的核心区①，为我国农业发展做出了巨大贡献。

长江经济带从东到西穿越了我国三大地带和整个长江流域的上游、中游和下游。本书借鉴学者汪克亮、刘传江等按照不同省市在经济发展水平和空间分布特征上的相似性的研究划分，将长江经济带划分为上游、中游和下游三个区域。上游：重庆、四川、贵州和云南；中游：安徽、江西、湖北和湖南；下游：上海、江苏和浙江。本书的研究对象就是基于省域层面上、中、下游的 11 个省市。

二、外部因素分析

2017 年，党的十九大首次提出高质量发展，表明我国正从经济高速增长阶段向经济高质量发展阶段转型。随着社会进步与科技发展，推动高质量发展已成为保持经济持续健康发展的必要条件。我国农业在发展中也面临着资源环境以及竞争的压力，我们更要落实农业的高质量发展，坚持绿色引领，走质量兴农之路。20 世纪 80 年代，开发长江经济带的

---

① 刘俞希. 长江经济带现代农业发展评价研究［D］. 湘潭：湖南科技大学，2019.

构想被提出，经过30多年的建设与发展，长江经济带已成为我国重要的农业主产区，并且拥有雄厚的工业基础，同时近些年的产业转型也使其成为高新技术产业的开发带之一。目前，长江经济带虽然在农业、工业、高新技术等领域发展领先，但是其面临的资源和生态环境问题却日益严峻。在农业方面，长江经济带面临能源消耗增加、水资源紧张、耕地面积减少以及农药、化肥等生产资料的使用量和碳排放总量都在增长等突出问题。围绕农业农村在发展中出现的生态环境问题，国家高度重视，出台了系列专项规划和指导意见，为推动长江经济带农业绿色发展，打造农业生态资本运营环境创造了良好的政策环境。

2015年4月10日，农业部（现为“农业农村部”）出台《农业部关于打好农业面源污染防治攻坚战不实施意见》，提出以转变发展方式 、推进科技进步、创新体制机制作为农业面源治理的主要思路，推动农业发展方式由资源消耗型向资源节约型、环境友好型转变，推进农业科技计划、项目和经费管理改革，提升农业科技自主创新能力，培育新型农业经营主体，发展多种形式适度规模经营，构建覆盖全程、综合配套、便捷高效的新型农业社会化服务体系。《农业部关于打好农业面源污染防治攻坚战的实施意见》明确了农业面源污染治理的主要思路和主要着力点，对加快长江经济带农业面源污染治理进程具有重要的指导意义。

2015年5月20日，农业部等八部门联合出台《全国农业可持续规划（2015—2030年）》，指出推动农业可持续发展是实现“五位一体”战略布局、建设美丽中国的必然选择，是中国特色新型农业现代化道路的内在要求，提出从优化农业发展布局、保护农业耕地资源、提升农业用水效率、强化农业污染治理、加快农业生态修复等方面推动农业可持续发展。《全国农业可持续发展规划（2015—2030年）》明确了农业可持续发展的基本主要着力点，对明确长江经济带农业绿色发展的基本思路、推动长江经济带农业绿色可持续发展具有重要的指导作用。

2016年3月16日，全国人民代表大会通过《国民经济和社会发展第十三个五年规划纲要》，对长江经济带产业绿色发展做了科学战略布局，强调坚持“生态优先、绿色发展”战略定位。根据资源环境承载力，引导产业合理布局和有序转移，打造特色优势产业集群，培育壮大战略性新兴产业，建设集聚度高、竞争力强、绿色低碳的现代产业走廊，将长江经济带建设成为我国生态文明建设的先行示范带、创新驱动带、协调发展带。

2017年4月24日，农业部出台《农业部关于实施农业绿色发展五大行动的通知》，提出实施畜禽粪污资源化利用行动、果菜茶有机肥替代化肥行动、东北地区秸秆处理行动、农膜回收行动和以长江为重点的水生生物保护行动等农业绿色发展五大行动，落实绿色发展理念，加快推进农业供给侧结构改革，建设社会主义新农村，增强农业可持续发展能力，提高农业发展的质量效益和竞争力。《农业部关于实施农业绿色发展五大行动的通知》明确了农业绿色发展的抓手，对推动长江经济带农业绿色发展精准落地具有重要的指导意义。

2017 年 9 月，中共中央办公厅、国务院办公厅出台《关于创新体制机制推进农业绿色发展的意见》，提出以资源环境承载力为基准，以推进农业供给侧结构性改革为主线，尊重农业发展规律，强化改革创新，激励约束和政府监管，转变农业发展方式，优化空间布局，节约利用资源，保护产地环境，提升生态服务功能，全力构建人与自然和谐共生的农业发展新格局，推动形成绿色生产方式和生活方式，为实现经济社会可持续发展提供坚实支撑。《关于创新体制机制推进农业绿色发展的意见》指明了农业绿色发展的主要方向，对明确长江经济带农业绿色发展主攻方向具有重要的指导意义。

2017 年 12 月 5 日，农业部出台《农业部、中国农业银行关于推进金融支持农业绿色发展工作的通知》，提出根据当地农业发展特色和金融需求特点，通过创新绿色金融产品，完善绿色信贷支持政策，优化和完善金融服务渠道，探索多方合作的金融服务模式，以加大支持农业基础设施建设、农业科技创新、农业结构调整和农业面源污染治理，推动构建现代农业产业体系、生产体系和经营体系，加快农业供给侧结构改革，增加农业绿色发展资金供给，持续增强农业绿色发展内生动力。《农业部、中国农业银行关于推进金融支持农业绿色发展工作的通知》对加强长江经济带农业绿色发展具有重要的指导意义。

2018 年 7 月 2 日，农业农村部出台《农业绿色发展技术导则（2018—2030 年）》，旨在贯彻落实中共中央办公厅、国务院办公厅《关于创新体制机制推进农业绿色发展的意见》中关于农业绿色发展的战略部署，提出以绿色投入品、节本增资技术、生态循环模式、绿色标准规范为主攻方向，全面构建高效、安全、低碳、循环、智能、集成的农业绿色发展技术体系，推动农业科技创新方向和重点实现从注重数量为主向注重质量效益并重转变，从注重生产功能为主向注重生产生态功能并重转变，从注重单要素生产率提高向注重多要素生产率提高转变。《农业绿色发展技术导则（2018—2030 年）》确立了农业绿色发展的技术规程，对理清长江经济带农业绿色发展思路和主要抓手具有重要的指导作用。

2018 年 7 月 25 日，农业农村部出台《农业农村部关于深入推进生态环境保护工作的意见》，旨在进一步做好农业农村生态环境保护工作，打好农业面源污染防治攻坚战，全面推进农业绿色发展，提出加快建立以绿色生态为导向的农业补贴制度，加大农业绿色发展的资金支持，扎实推进农业绿色发展重大行动，大力发展节水农业，全面推进农业绿色发展实践，加强农业绿色科技创新，强化农业绿色发展科技支撑。构建农业绿色发展指标体系，监测农业绿色发展进程。《农业农村部关于深入推进生态环境保护工作的意见》对农业绿色发展进行了全面战略布局，明确了农业绿色发展的主要发力方向，对加快长江经济带农业绿色发展进程具有重要的指导意义。

2019年3月19日，农业农村部制定了《推进长江经济带农业农村绿色发展2019年工作要点》，提出坚持问题导向，突出打好长江经济带农业面源污染防控、水生生物多样性保护和农村人居环境整治三场硬仗，建设一批农业绿色发展先行区，加快补齐农业农村生态环境保护“短板”，整区域整建制推进农业农村绿色发展。

总体而言，国家出台的关于产业绿色发展的相关规划文本、政策文件对长江经济带农业绿色发展实践具有重要的指导意义，也为长江经济带农业生态资本运营创造了良好的外部环境。

三、内部因素分析

农业是长江经济带最重要的支撑产业之一，粮油、生猪、水产品等大宗农产品生产基地都聚集在这一条黄金水道上。长江经济带大部分区域水土资源匹配度高，生物多样性丰富，农田水利基础设施较好，农业产业化、组织化、集约化水平较高，发展现代农业、乡村特色产业的基础好、潜力大。根据《全国主体功能区规划》内容进行整理发现，长江经济带涉及的国家层面农产品主产区主要分布在四川盆地和长江中下游平原，包括全部长江流域主产区、少部分黄淮海平原主产区和少部分华南主产区（见表2-1）。

表2-1 **长江经济带沿线11省份国家层面农产品主产区**

国家层面农产品主产区	县（市、区）	功能定位
黄淮海平原主产区	江苏省（13）：贾汪区、邳州市、新沂市、睢宁县、沛县、丰县、沭阳县、泗阳县、泗洪县、金湖县、盱眙县、洪泽区、涟水县； 安徽省（17）：濉溪县、涡阳县、蒙城县、利辛县、砀山县、萧县、灵璧县、泗县、怀远县、固镇县、五河县、凤台县、临泉县、太和县、阜南县、颖上县、界首市	建设以优质强筋、中强筋、中筋小麦为主的优质专用小麦产业带，优质棉花产业带、经籽粒与青贮兼用和专用玉米为主的专用玉米产业带，以高蛋白大豆为主的大豆产业带，以肉牛、肉羊、奶牛、生猪、家禽为主的禽产品产业带

续表

国家层面农产品主产区	县（市、区）	功能定位
长江流域生产区	江苏省（10）：溧水区、高淳区、金坛区、溧阳市、如东县、海安县、高邮市、宝应县、句容市、兴化市； 浙江省（5）：平湖市、海盐市、衢江区、龙游县、江山市； 安徽省（24）：长丰县、巢湖市、庐江县、寿县、裕安区、霍邱县、叶集区、舒城县、来安县、全椒县、定远县、凤阳县、明光市、天长市、芜湖县、南陵县、含山县、东至县、桐城市、怀宁县、宿松县、望江县、郎溪县、广德县； 江西省（33）：进贤县、永修县、都昌县、德安县、余江县、吉水县、峡江县、新干县、永丰县、泰和县、余干县、鄱阳县、万年县、弋阳县、玉山县、铅山县、东乡县、南城县、崇仁县、乐安县、金溪县、宜丰县、奉新县、万载县、上高县、宁都县、信丰县、于都县、兴国县、会昌县、瑞金县、上粟县、分宜县； 湖北省（29）：阳新县、远安县、当阳市、宜都市、宜城市、谷城市、枣阳市、老河口市、梁子湖区、京山市、钟祥市、沙洋县、云梦县、安陆县、公安县、松滋市、洪湖市、监利县、石首市、江陵县、团风县、黄梅县、武穴市、蕲春县、崇阳县、嘉鱼县、赤壁市、随县、广水市； 湖南省（35）：湘潭县、湘乡市、韶山市、衡南县、耒阳市、衡山县、衡东县、衡阳县、祁东县、常宁市、武冈市、洞口县、隆回县、新邵县、邵阳县、湘阴县、临湘市、华容县、君山区、汨罗市、平江县、鼎城区、临澧县、澧县、安乡县、桃源县、汉寿县、南县、沅江市、桃江县、安仁县、祁阳县、道县、溆浦县、双峰县； 重庆市（6）：潼南区、梁平区、丰都区、垫江县、忠县、开州区； 四川省（35）：中江县、三台县、盐亭县、梓潼县、安岳县、乐至县、荣县、井研县、资中县、长宁县、高县、珙县、筠连县、兴文县、叙永县、古蔺县、蓬溪县、西充县、营山县、蓬安县、仪陇县、岳池县、开江县、渠县、宣汉县、平昌县、剑阁县、苍溪县、邻水县、洪雅县、汉源县、芦山县、会东县、德昌县、米易县； 贵州省（31）：开阳县、普定县、长顺县、贵定县、桐梓县、绥阳县、正安县、道真仡佬族苗族自治县、务川仡佬族苗族自治县、凤冈县、湄潭县、余庆县、仁怀市、金沙县、思南县、德江县、三穗县、镇远县、岑巩县、天柱县、黎平县、丹寨县、玉屏县、普安县、晴隆县、贞丰县、安龙县、独山县、六枝特区、纳雍县、大方县	建设以双季稻为主的优质水稻产业带，以优质弱筋和中筋小麦为主的优质专用小麦产业带，优质棉花产业带，“双低”优质油菜产业带，以生猪、家禽为主的畜产品产业带，以淡水鱼类、河蟹为主的水产品产业带

续表

国家层面农产品主产区	县（市、区）	功能定位
华南主产区	云南省（46）：宜良县、石林彝族自治县、禄劝彝族苗族自治县、陆良县、师宗县、罗平县、会泽县、新平彝族傣族自治县、元江哈尼族彝族傣族自治县、元谋县、姚安县、施甸县、腾冲市、龙陵县、昌宁县、宁洱哈尼族彝族自治县、墨江哈尼族自治县、景谷傣族彝族自治县、江城哈尼族彝族自治县、澜沧拉祜族自治县、凤庆县、云县、永德县、镇康县、双江拉祜族佤族布朗族傣族自治县、耿马傣族佤族自治县、沧源佤族自治县、建水县、弥勒市、石屏县、泸西县、元阳县、绿春县、红河县、丘北县、宾川县、洱源县、鹤庆县、云龙县、芒市、梁河县、盈江县、陇川县、镇雄县、彝良县、威信县	建设以优质高档籼稻为主的优质水稻产业带，甘蔗产业带，以对虾、罗非鱼、鳗鲡为主的水产品产业带

注：括号内数字为县级等行政单元数量。

资料来源：整理自《全国主体功能区规划》。

从长江经济带沿线11省份国家层面农产品主产区县（市、区）来看，长江经济带共有284个农产品生产区县（市、区）①，生产的农产品占全国16个优势农产品中的10个（如水稻、油菜、柑橘、生猪、出口水产品、棉花、马铃薯、小麦、肉羊、肉牛），是全国优势农产品的重要产区。除上海外，其他沿线10省份均有国家层面农产品主产区县（市、区）分布。从农产品的地理分布来看，长江下游地区水稻、油菜、蔬菜、林果、水产养殖发达，农村第一、二、三产业融合度高，混农林业发达，体验农业发展水平高；中游是极为重要的农产品供给区，淮北平原、两湖平原以及长江中游城市群在此区域，水稻、棉花、柑橘、生猪、出口水产品多出于长江流域生产区；上游地区是水源涵养和农产品供给区，优势小麦、马铃薯、肉牛和肉羊多位于长江上游四省市范围内，其余的大宗农产品如稻谷、薯类、油料等，以及特色农产品如烟叶、淡水产品、茶、果等在全国均占有重要份额。

由此可见，农业在长江经济带发展战略格局中占据重要地位。推进农业绿色发展，测度农业生态资本运营效率是贯彻新发展理念、推进农业供给侧结构性改革的必然要求，是加快农业现代化、促进农业可持续发展的重大举措，因此，研究长江经济带农业生态资本运营效率具有重大意义。

① 吴传清．长江经济带产业发展报告（2018）［M］．北京：社会科学文献出版社，2018.

第二节　长江经济带农业生态资本运营投入情况分析

一、自然资源投入

一般来说，投入要素（如土地、农业用水、农用化肥、农药的使用、机械、劳动力以及资本等的增加）在一定程度上会使产出增加，这些要素的投入是提高农业产出的关键性变量，在一定程度上可反映长江经济带农业绿色生产现状及未来可能的变动趋势。本书用农业生态资本运营过程中各阶段的投入量及其变化的相关数据来反映长江经济带 2000—2018 年以来农业生态资本的投入趋势及现状。

（一）土地投入

土地是农业生产最基本的要素，本书用各省市农作物播种面积表示土地投入。

农作物总播种面积指实际播种或移植有农作物的面积，是反映实际农业土地资源利用的重要指标。从图 2-1 来看，2000—2003 年，长江经济带农作物播种总面积负增长趋势明显，从 2000 年的 65945. 3 千公顷下降至 63067. 2 千公顷，年均增长率为-1. 46%；2003—2006 年有上升趋势，2006 年长江经济带农作物总播种面积较 2003 年增加了 1866. 1 千公顷，年均增长率为 0. 98%；到了 2007 年，区域农作物播种面积大幅减少，从 64933. 3 千公顷减少至 61460. 2 千公顷，减少了 3473. 1 千公顷；2007—2014 年，该区域农作物总播种面积趋于稳定并有所上升，较 2007 年的面积总量增加了 6162. 1 千公顷，年均增长率为 1. 43%；2014—2015 年农业总播种面积趋于平缓，增减幅度不大；2015—2018 年又有了下降的趋势，2018 年较 2015 年减少了 2064. 3 千公顷，年均增长率为 1. 02%。在全国占比维度方面，变化趋势与播种总面积基本相同，2000—2018 年年均占比为 41. 03%。

从 2000—2018 年长江经济带上、中、下游地区农作物总播种面积来看（表 2-2），长江经济带中游地区农作物总播种面积最大，上游地区次之，下游地区农作物播种面积最小。从变化情况来看，长江经济带上游和中游地区农作物总播种面积有所增加，年均增长率分别为 0. 27%和 0. 06%，但下游地区由于城镇化水平最高，农村土地占用情况较中上游地区更严重，农作物总播种面积呈现负增长趋势，年均增长率为-0. 69%。

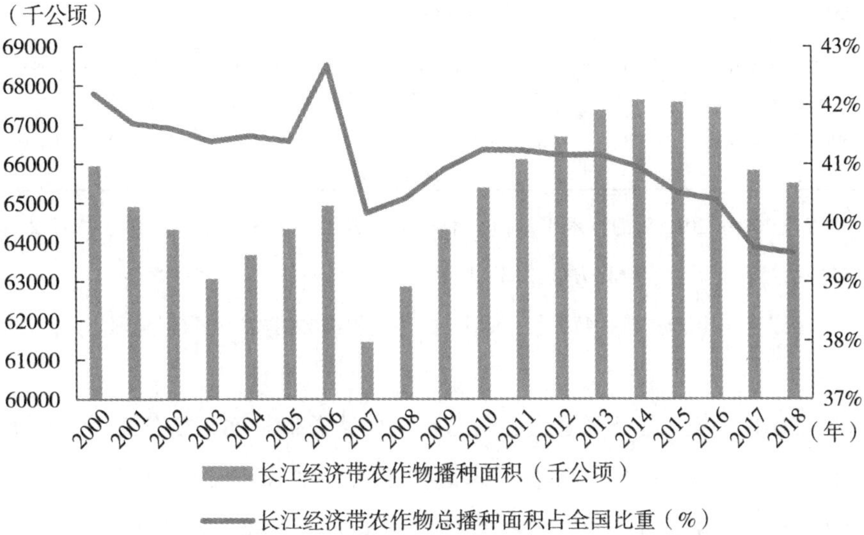

图 2-1　2000—2018 年长江经济带农作物总播种面积及其占全国比重

表 2-2　**2000—2018 年长江经济带上、中、下游地区和沿线 11 省份农作物播种面积（单位：千公顷）**

地区	2000 年	2005 年	2010 年	2015 年	2016 年	2017 年	2018 年	均值	增长率	排名
上海	520. 7	403. 6	401. 2	340. 211	294. 7	284. 95	282. 3	361. 094	-2. 54%	11
江苏	7944. 9	7641. 2	7619. 6	7745. 04	7676. 92	7556. 4	7520. 2	7672. 04	-0. 30%	5
浙江	3554. 3	2837. 9	2484. 7	2290. 55	2274. 44	1981. 11	1978. 7	2485. 96	-2. 46%	10
安徽	9005. 8	9172. 5	9053. 4	8950. 46	8893. 61	8726. 68	8771. 1	8939. 08	-0. 15%	2
江西	5650. 8	5251. 4	5457. 7	5579. 09	5560. 67	5638. 46	5555. 8	5527. 7	-0. 09%	7
湖北	7584. 1	7279. 4	7997. 6	7952. 36	7843. 51	7956. 14	7952. 9	7795. 14	0. 27%	4
湖南	8002. 1	7977. 6	8216. 1	8716. 99	8793. 28	8321. 97	8111. 1	8305. 59	0. 08%	3
重庆	3590. 8	3444. 7	3359. 4	3575. 8	3600. 74	3339. 56	3348. 5	3465. 64	-0. 38%	9
四川	9609. 1	9480. 2	9478. 8	9689. 93	9728. 61	9575. 05	9615. 3	9596. 71	0. 00%	1
贵州	4696. 7	4804. 1	4889. 1	5542. 17	5596. 81	5659. 37	5477. 2	5237. 92	0. 92%	8
云南	5786	6053. 8	6437. 3	7185. 63	7164. 46	6790. 8	6890. 8	6615. 54	1. 06%	6
上游	23682. 6	23782. 8	24165	25993. 5	26090. 6	25364. 8	25331. 8	24915. 8	0. 27%	—
中游	30242. 8	29680. 9	30725	31198. 9	31091. 1	30643. 3	30390. 9	30567. 5	0. 06%	—

续表

地区	2000 年	2005 年	2010 年	2015 年	2016 年	2017 年	2018 年	均值	增长率	排名
下游	12019. 9	10882. 7	10506	10375. 8	10246. 1	9822. 46	9781. 2	10519. 1	-0. 69%	—
长江经济带	65945. 3	64346. 4	65395	67568. 2	67427. 8	65830. 5	65503. 9	66002. 4	0. 01%	—

注：①均值为 2000—2018 年的算术平均值，增长率为 2000—2018 年的年均增长率；②排名为均值在长江经济带中的排名（后续表统计方法相同）。

资料来源：根据《中国农村统计年鉴》（2001—2019）提供的相关统计数据整理。

从 2000—2018 年长江经济带各省、直辖市农作物总播种面积变化来看，上海、浙江、江苏、安徽、江西、重庆 6 个地区有下降趋势，年均增长率分别为-2. 54%、-2. 46%、-0. 30%、-0. 15%、-0. 09%和-0. 38%。除了重庆以外，都是长江中下游地区，这是因为近年来长江中下游地区发展速度快，城镇化水平相对较高，但第一产业在国民经济发展中的占比非常小，同时由于耕地资源的稀缺，农民普遍对种植经济利益低的粮食作物的积极性不高，使得下游地区上述省市的农作物播种面积呈负增长状态。相比之下，长江上游地区农作物总播种面积逐年增加，其中贵州和云南两省增长幅度最大，增长速度最快，年均增长率分别为 0. 92%和 1. 06%，湖南、湖北和四川三省农作物播种总面积增长趋势较为平缓，波动幅度不大。

（二）水资源投入

农业是用水大户，农业用水主要用于农业灌溉、林业、牧业和渔业等相关辅助性活动。农作物有效灌溉面积指具有一定的水源，地块比较平整，灌溉工程或设备基本配套，在一般年景下能够正常进行灌溉的耕地面积①。这里主要用农业有效灌溉面积来表示水资源投入。

根据 2000—2018 年长江经济带有效灌溉面积统计数据（表 2-3）得出，长江中游地区历年有效灌溉面积最高，年均有效灌溉面积为 11498. 1 千公顷；上游地区次之，年均有效灌溉面积为 6038. 85 千公顷；下游地区居于末位，年均有效灌溉面积仅为 5625. 17 千公顷。从省市层面来看，2000—2018 年，除上海市的有效灌溉面积呈现负增长外，其余 9 省 1 市的有效灌溉面积呈增长态势。其中，贵州省的年增长率最高，为 4. 07%，可能的原因

① 徐晓鹏．中国农田有效灌溉面积及其影响因素——基于 6 省 286 份问卷数据［J］. 湖南农业大学学报（社会科学版），2014，15（4）：7-12.

在于：从 2016 年起，贵州省将农田灌溉水有效利用系数纳入贵州省市州和县域经济发展综合测评指标体系，作为各级政府难度经济指标考核重要数据。在国家推进最严格水资源管理考核与贵州省经济发展综合测评双重背景下，贵州省的农作物有效灌溉面积的增长率居 11 省市的首位。11 省市中增长率最低的则是浙江省，只有 0. 15%，江浙一带一直都是经济发达地区，城镇化扩建难以避免，有效灌溉面积增速放缓，表明该区域农业发展稳定，进一步发展的上升空间有限，后期需通过技术进步等手段提高农业生态资源利用效率。

表 2-3　**2000—2018 年长江经济带上、中、下游地区和沿线 11 省份农作物有效灌溉面积（单位：千公顷）**

地区	2000 年	2005 年	2010 年	2015 年	2016 年	2017 年	2018 年	均值	增长率	排名
上海	285. 9	237. 3	201	188. 21	189. 81	190. 76	190. 8	211. 969	-1. 85%	11
江苏	3900. 9	3817. 7	3819. 7	3952. 5	4054. 07	4131. 88	4179. 8	3979. 51	0. 40%	2
浙江	1403. 2	1417. 7	1451	1432. 15	1446. 31	1444. 7	1440. 8	1433. 69	0. 15%	8
安徽	3197. 2	3330. 9	3519. 8	4400. 34	4437. 46	4504. 14	4538. 3	3989. 73	2. 33%	1
江西	1903. 4	1831. 4	1852. 4	2027. 67	2036. 83	2039. 42	2032	1960. 45	0. 38%	6
湖北	2072. 5	2064. 6	2379. 8	2899. 15	2905. 57	2919. 17	2931. 9	2596. 1	2. 30%	5
湖南	2677. 5	2690. 4	2739	3113. 32	3132. 37	3145. 87	3164	2951. 78	1. 07%	3
重庆	624. 6	618. 1	685. 3	687. 193	690. 6	694. 26	696. 9	670. 993	0. 64%	10
四川	2469	2508. 3	2553. 1	2735. 09	2813. 55	2873. 1	2932. 5	2697. 81	1. 04%	4
贵州	653. 4	711. 6	1131. 7	1065. 43	1088. 07	1114. 12	1132. 2	985. 217	4. 07%	9
云南	1403. 4	1485. 4	1588. 4	1757. 71	1809. 39	1851. 42	1898. 1	1684. 83	1. 96%	7
上游	5150. 4	5323. 4	5958. 5	6245. 42	6401. 61	6532. 9	6659. 7	6038. 85	0. 96%	—
中游	9850. 6	9917. 3	10491	12440. 5	12512. 2	12608. 6	12666. 2	11498. 1	0. 93%	—
下游	5590	5472. 7	5471. 7	5572. 87	5690. 19	5767. 34	5811. 4	5625. 17	0. 03%	—
长江经济带	20591	20713	21921	24258. 8	24604	24908. 8	25137. 3	23162. 1	0. 69%	—

资料来源：根据《中国农村统计年鉴》（2001—2019）提供的相关统计数据整理。

根据图 2-2 可知，2000—2018 年长江经济带有效灌溉面积呈逐年上升趋势。2000—

2007 年全域有效灌溉面积呈平稳增长态势，2007 年较 2000 年上升了 347.1 千公顷，年均增长率为 0.24%。从 2008 年开始，长江经济带有效灌溉面积逐年递增，从 2008 年的 21441.5 千公顷上升至 2018 年的 25137.3 千公顷，11 年间增长了 3695.8 千公顷，年均增长率为 1.72%，其中，2012—2013 年增长幅度最大，增长率为 3.62%。在长江经济带有效灌溉面积占全国比重方面，2000—2018 年年均减少率为 1.44%，其中，2000—2002 年下降了 0.25%，2002—2003 年增加了 0.26%，2003—2012 年大幅度下降，从 38.27%跌至 35.88%，但随后的 2012—2013 年又呈上升趋势，且上升了 1.04%。

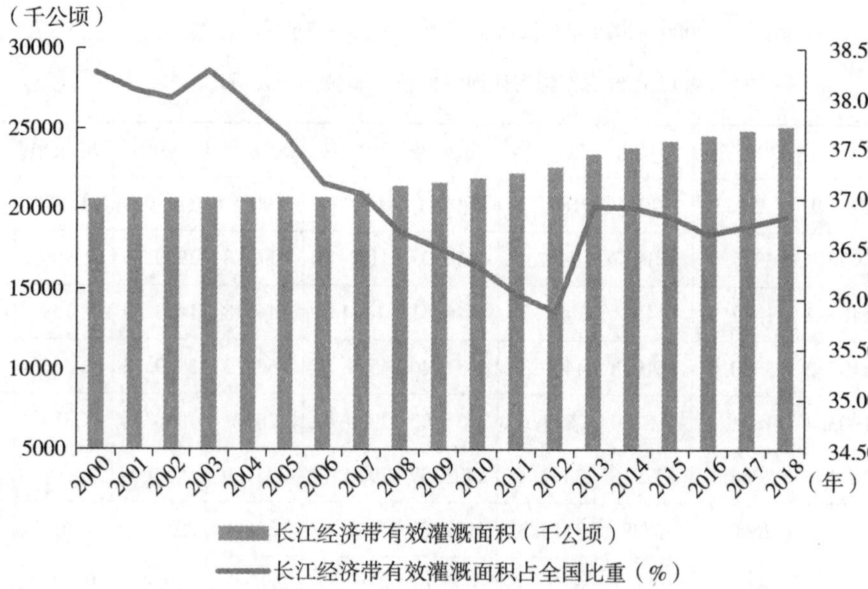

图 2-2　2000—2018 年长江经济带有效灌溉面积及其占全国比重

二、社会经济资源投入

（一）化学化投入

1. 化肥施用量

据相关研究统计，化肥的当季利用率较低，氮肥是 30%~40%，磷肥仅为 10%~20%，钾肥为 35%~50%，而出于增加产量的目的，农民在耕种过程中大量使用化肥给农业生态系统造成径流、淋溶等方式的面源污染问题突出。本书用化肥施用量来统计长江经济带全域化肥使用强度，见表 2-4。

表 2-4　　**2000—2018 年长江经济带各省市农用化肥施用量（单位：万吨）**

地区	2000 年	2005 年	2010 年	2015 年	2016 年	2017 年	2018 年	均值	增长率	排名
上海	19.3	14.4	11.8	9.9	9.2	8.9	8.4	11.7	-3.13%	11
江苏	335.5	340.8	341.1	320	312.5	303.9	292.5	320.9	-0.71%	1
浙江	89.7	94.3	92.2	87.5	84.5	82.6	77.8	86.943	-0.79%	10
安徽	253.2	285.7	319.8	338.7	327	318.7	311.8	307.84	1.29%	3
江西	106.9	129.4	137.6	143.6	142	135	123.2	131.1	0.85%	7
湖北	247.1	285.8	350.8	333.9	328	317.9	295.8	308.47	1.09%	2
湖南	182.2	209.9	236.6	246.5	246.4	245.3	242.6	229.93	1.84%	5
重庆	72	79.1	91.8	97.7	96.2	95.5	93.2	89.357	1.64%	9
四川	212.6	220.9	248	249.8	249	242	235.2	236.79	0.59%	4
贵州	71.3	77.4	86.5	103.7	103.7	95.7	89.5	89.686	1.42%	8
云南	112.1	142.7	184.6	231.9	235.6	231.9	217.4	193.74	5.22%	6
上游	468	520.1	610.9	683.1	684.5	665.1	635.3	609.57	1.99%	—
中游	789.4	910.8	1044.8	1062.7	1043.4	1016.9	973.4	977.34	1.29%	—
下游	444.5	449.5	445.1	417.4	406.2	395.4	378.7	419.54	-0.82%	—
长江经济带	1701.9	1880	2100.8	2163	2134	2077.4	1987	2006.5	0.99%	—

资料来源：根据《中国农村统计年鉴》（2001—2019）提供的相关统计数据整理。

根据表 2-4 中 2000—2018 年的长江经济带农用化肥使用量统计可以看出，长江中游和上游地区化肥年施用量处于增长趋势，年均增长率分别为 1.29%和 1.99%，长江下游地区化肥施用量处于减少趋势，年均增长率为-0.82%。其中，江苏省农用化肥施用量均值最高，为 320.9 万吨。上海市农业在三产中的占比不足全市总量的 0.5%，但农业仍然是上海经济发展中不可缺少的主要组成部分。上海郊区共有耕地 30.3 万公顷，有 89%的耕地成为旱涝保收的稳产高产农田，是国内机械化、水利化和生产水平都较高的农业区域之一。近年来，上海农业整合科技力量，采用“合作社+农户”模式的发展方式提高粮食产量，旨在走一条绿色都市农业的发展道路，因此在化肥施用量方面从 2000 年的 19.3 万吨减少到 2018 年的 8.4 万吨，年增长率为-3.13%，化肥的施用量明显降低。长江中上游 8 个省的化肥使用量还在继续上升，其中云南上升速度最快，化肥使用量年增长率为 5.22%。

2. 农药使用量

当前对农药的需求和使用在长江经济带的农业生产中仍呈不断增长的趋势（表2-5），究其原因在于：农药的使用可有效防治或减少农作物病虫草鼠害的发生，在最大限度上挽回因农作物病虫害造成的损失。

表2-5　**2000—2018年长江经济带农药使用量（单位：万吨）**

地区	2000年	2005年	2010年	2015年	2016年	2017年	2018年	均值	增长率	排名
上海	1.104	0.838	0.70	0.442	0.391	0.352	0.313	0.591	-3.98%	11
江苏	9.149	10.325	9.00	7.810	7.618	7.317	7.302	8.360	-1.12%	5
浙江	6.526	6.565	6.50	5.646	4.948	4.630	4.533	5.621	-1.70%	7
安徽	7.562	9.484	11.70	11.105	10.570	9.939	9.639	10.000	1.53%	3
江西	6.148	7.531	10.70	9.387	9.219	8.774	9.172	8.704	2.73%	4
湖北	11.541	11.017	14.00	12.069	11.740	10.959	10.258	11.655	-0.62%	1
湖南	8.561	11.325	11.90	12.235	11.866	11.602	11.609	11.300	1.98%	2
重庆	1.851	1.954	2.10	1.820	1.760	1.747	1.842	1.868	-0.03%	9
四川	6.066	5.634	6.20	5.891	5.804	5.575	5.176	5.764	-0.82%	6
贵州	0.840	0.976	1.30	1.372	1.368	1.340	1.329	1.218	3.23%	10
云南	2.465	3.058	4.60	5.865	5.860	5.768	5.517	4.733	1.33%	8
上游	11.22	11.62	14.20	14.95	14.79	14.43	13.86	13.58	1.31%	—
中游	33.81	39.36	48.30	44.80	43.40	41.27	40.68	41.66	1.13%	—
下游	16.78	17.73	16.20	13.90	12.96	12.30	12.15	14.57	-1.53%	—
长江经济带	61.81	68.71	78.70	73.64	71.15	68.00	66.69	69.81	0.44%	—

资料来源：根据《中国农村统计年鉴》（2001—2019）提供的相关统计数据整理。

从长江经济带2000—2018年农药使用量统计表中可以看出，长江中上游地区农药使用量持续增加，长江上游地区从2000年的11.22万吨增加到2018年的13.86万吨，年增长率为1.31%；中游地区从2000年的33.81万吨增加到2018年的40.68万吨，年增长率为1.13%。相比中上游地区，长江下游地区农药使用量减少明显，从2000年的16.78万吨减少到2018年的12.15万吨，年增长率为-1.53%。湖北农药使用量年均增长率虽为-0.62%，但年均农药使用量依然很高，为11.655万吨，是长江经济带农药使用量最高的省份；贵州虽然是除了上海之外的年均农药使用量最低的省份，但年均增长率却高达3.23%，是11个省市中最高的。

（二）农机投入

《全国农业机械化发展第十三个五年规划》提出，到2020年，主要农作物生产全程机械化、种养加全面机械化取得显著进展。农业机械总动力指主要用于农、林、牧、渔业的各种动力机械的动力总和，是衡量农业机械投入的重要指标。

2000—2018年长江经济带农业机械总动力（图2-3）呈持续上升趋势，2018年长江经济带农业机械总动力为37912万千瓦，较2000年增加了21166万吨。近20年间，年均增幅达到226.4%。长江经济带农业机械总动力占全国比重呈波动上升趋势，2000—2018年基本稳定在31.65%~38.65%，2014年在经历了一个低谷后很快反弹，近三年保持在37%以上。

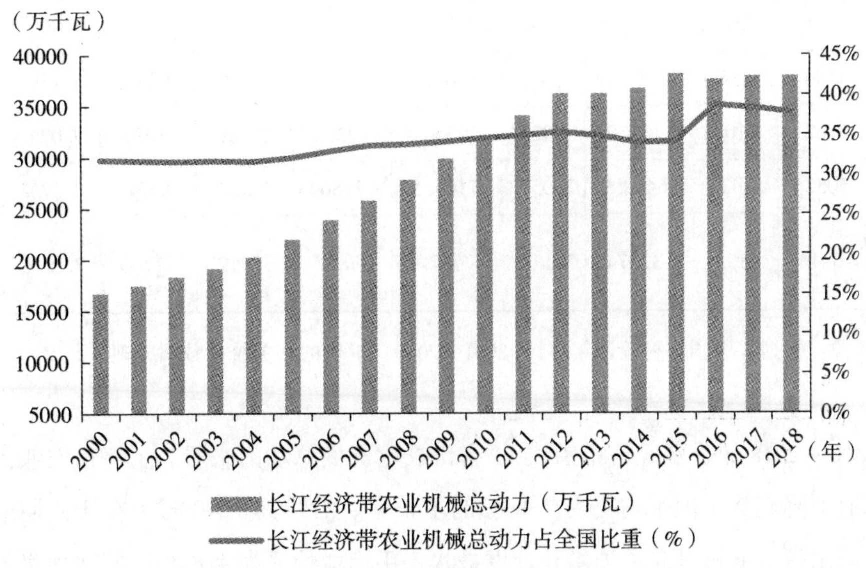

图2-3　长江经济带农业机械总动力及其占全国比重

从2000—2018年长江经济带上、中、下游地区农业机械总动力（表2-6）来看，长江经济带中游地区农业机械总动力最大，上游地区次之，下游地区最小。从变化情况来看，长江经济带上、中、下游地区农业机械总动力均有所增加，上游地区增长速度最快，中游次之，下游地区最慢，年均增长率依次为9.18%、9.02%、2.27%。

表 2-6　　**2000—2018 年长江经济带各省市农业机械总动力（单位：万千瓦）**

地区	2000 年	2005 年	2010 年	2015 年	2016 年	2017 年	2018 年	均值	增长率	排名
上海	142. 5	96. 46	104. 06	119. 01	122. 31	121. 8	94	114. 3	1. 89%	11
江苏	2925	3135. 3	3937. 3	4825. 49	4906. 55	4991	5017. 7	4248	3. 97%	3
浙江	1990	2111. 3	2427. 5	2360. 73	2136. 69	2072	2009. 3	2158	0. 05%	8
安徽	2976	3983. 8	5409. 8	6580. 99	6867. 49	6313	6543. 8	5525	1. 11%	1
江西	902. 3	1781. 3	3805	2260. 82	2201. 62	2310	2382	2235	3. 56%	7
湖北	1414	2057. 4	3371	4468. 12	4187. 75	4335	4424. 6	3465	0. 72%	5
湖南	2210	3189. 9	4651. 5	5894. 06	6097. 54	6255	6338. 6	4948	4. 82%	2
重庆	586. 5	775. 96	1071. 1	1299. 73	1318. 67	1353	1428. 1	1119	2. 42%	10
四川	1680	2181. 7	3155. 1	4404. 55	4267. 33	4420	4603. 9	3530	4. 12%	4
贵州	618. 6	1011. 5	1730. 3	2575. 15	2041. 06	2181	2376. 7	1791	4. 68%	9
云南	1301	1666. 1	2411. 1	3333. 04	3440. 64	3535	2693. 5	2626	0. 39%	6
上游	4186	5635. 2	8367. 6	11612. 5	11067. 7	11489	11102	9066	9. 18%	—
中游	7502	11012	17237	19204	19354. 4	19212	19689	16173	9. 02%	—
下游	5058	5343. 1	6468. 9	7305. 23	7165. 55	7186	7121	6521	2. 27%	—
长江经济带	16746	21991	32074	38121. 7	37587. 65	37887	37912	31760	7. 02%	—

资料来源：根据《中国农村统计年鉴》（2001—2019）提供的相关统计数据整理。

从 2000—2018 年长江经济带沿线 11 省份农业机械总动力来看，上海市农业机械总动力近年来有下降趋势，但平均仍有 1. 89%的增长率。沿线其余 10 省市在研究期末仍呈增长态势，湖南省农业机械总动力增长速度最快，年均增长率为 4. 82%，其次为贵州省和四川省，分别为 4. 68%和 4. 12%。增长率低于 1%的省份是湖北省和浙江省，分别为 0. 72%和 0. 05%。从 2000—2018 年长江经济带沿线 11 省份农业机械总动力均值排名来看，安徽省年均农业机械总动力为 5525 万千瓦，位居第一；上海市农业机械总动力为 114. 3 万千瓦，排名末位。

（三）物质资本投入

由于农业污染治理投资额缺乏直接统计数据，本书采用如下计算公式求得：各地区农业污染治理投资额=各地区农林牧渔总产值/各地区生产总值×各地区环境治理投资总额。其中，环境治理投资总额（亿元）数据来源于《中国环境统计年鉴》。

由表2-7可知，近20年来，长江经济带农业污染治理投融资额年均增长率仅为1.47%，年均治理投融资额为12.41亿元，整体呈现在波动中小幅上升趋势。从区域层面来看，长江经济带中游地区农业污染治理投融资额最大，下游地区次之，上游地区最小。从变化率来看，长江经济带中、下游地区农业污染治理投融资额均呈增长趋势，中游地区投融资额增长速度好于下游地区，两地区年均增长率依次为3.23%和1.34%，上游地区在农业污染治理投融资额方面有所倒退，增长率为-0.46%。

表2-7　**2000—2018年长江经济带上、中、下游地区和沿线11省份农业污染治理投融资额（单位：亿元）**

地区	2000年	2005年	2010年	2015年	2016年	2017年	2018年	均值	增长率	排名
上海	0.67	1.27	1.12	0.87	1.06	0.88	0.73	0.94	0.48%	8
江苏	0.53	1.44	1.31	1.49	1.35	1.36	0.99	1.21	3.53%	3
浙江	1.24	1.48	1.42	1.04	1.18	1.03	1.38	1.25	0.60%	7
安徽	0.87	0.71	1.57	2.66	2.06	2.00	2.04	1.70	4.85%	2
江西	0.53	0.76	0.60	1.67	1.47	1.41	1.69	1.16	6.65%	1
湖北	1.52	0.59	0.80	1.02	1.16	0.84	1.42	1.05	-0.38%	9
湖南	0.35	0.55	0.82	0.95	0.79	1.86	0.64	0.85	3.41%	4
重庆	1.34	1.78	1.32	1.37	1.18	0.88	0.81	1.24	-2.76%	11
四川	1.14	1.09	0.81	0.89	1.01	0.72	0.88	0.93	-1.43%	10
贵州	0.83	0.74	0.70	1.37	1.84	1.31	1.01	1.11	1.10%	6
云南	0.56	0.76	1.29	1.19	1.03	0.99	0.86	0.95	2.41%	5
上游	3.87	4.37	4.12	4.82	5.06	3.90	3.56	4.24	-0.46%	—
中游	3.27	2.61	3.79	6.30	5.48	6.11	5.79	4.76	3.23%	—
下游	2.44	4.19	3.85	3.40	3.59	3.27	3.10	3.41	1.34%	—
长江经济带	9.58	11.17	11.76	14.52	14.13	13.28	12.45	12.41	1.47%	—

资料来源：根据《中国农村统计年鉴》、《中国环境统计年鉴》（2001—2019）提供的相关统计数据整理。

长江经济带农业产业化经营项目涉及的领域包括种植业、水产养殖业、畜产养殖业以及农副产品加工和农业生产服务业。为客观了解全域农业产业化经营项目的建设完成情况，本书通过查阅统计年鉴，整理相关项目数据，对2000—2018年的数据进行阐述和说明，具体完成状况见表2-8。

表2-8　**2000—2018年长江经济带上、中、下游地区和沿线11省份农业产业化经营项目投入（单位：万元）**

地区	2000年	2005年	2010年	2015年	2016年	2017年	2018年	均值	增长率	排名
上海	534.03	9136.16	9278.43	13414.81	24131.26	14566.89	19349.08	12915.81	22.07%	1
江苏	18483.48	38814.27	55514.41	83544.56	21686.24	7485.66	19585.95	35016.37	0.32%	11
浙江	12317.36	75512.31	113210.88	15710.30	44712.44	47874.58	46293.51	50804.48	7.63%	4
安徽	16856.34	31725.94	27138.48	76881.75	53903.79	34495.06	44199.43	40742.97	5.50%	8
江西	10606.07	35944.35	116634.00	72356.02	21371.89	43893.12	32632.51	47633.99	6.44%	6
湖北	14113.56	44182.72	90098.99	121619.41	79059.38	71766.47	75412.93	70893.35	9.76%	2
湖南	19573.22	55030.05	79909.46	105605.00	112419.29	67917.03	90168.16	75803.17	8.86%	3
重庆	10204.90	47124.00	30645.86	35526.39	23713.42	22439.11	23076.27	27532.85	4.64%	9
四川	10147.56	45471.04	96796.22	105982.53	35669.74	18372.90	27021.32	48494.47	5.59%	7
贵州	16768.56	11709.14	14435.40	36358.85	32353.60	41287.80	36820.70	27104.86	4.47%	10
云南	12325.22	19629.08	30148.44	83199.50	60722.75	21784.11	41253.43	38437.50	6.94%	5
上游	49446.24	123933.26	172025.92	261067.27	152459.51	103883.92	128171.72	141569.69	5.43%	—
中游	61149.19	166883.06	313780.93	376462.18	266754.35	218071.68	242413.02	235073.49	7.95%	—
下游	31334.88	123462.74	178003.72	112669.67	90529.94	69927.13	85228.54	98736.66	5.72%	—
长江经济带	141930.31	414279.06	663810.57	750199.12	509743.80	391882.73	455813.27	475379.84	6.70%	—

资料来源：根据《中国农村统计年鉴》（2001—2019）、《中国农业综合开发年鉴》（2003—2008，2012）及EPS数据库提供的相关统计数据整理。

近20年来，长江经济带农业产业化项目的兴建呈上升趋势，年增长率为6.70%，平均投入达475379.84万元。分区域来看，长江经济带中游地区农业产业化项目投入最大，上游地区次之，下游地区最小。从变化情况来看，长江经济带上、中、下游地区农业产业化项目投入均呈增长趋势，中游地区增长速度最快，下游地区次之，上游地区最慢，年均增长率依次为7.95%、5.72%、5.43%。从2000—2018年长江经济带沿线11省份农业产业化项目投入来看，年增长率排名前三的分别是上海市、湖北省和湖南省，其中上海市在所有省份中年均增长率最高，达 22.07%，位于中游地区的湖北省和湖南省年增长率为 9.76%和 8.86%。江苏省农业产业化项目投入自 2016 年开始有所下降，年增长率位列末位，仅为 0.32%。

（四）人力资本投入

农村人力资本的累积是农村教育、培训、医疗保健以及劳动力流动等多种因素综合作用的结果，直接度量难度很大，往往需要找一些代理变量来近似地表征。本书采用传统的做法，使用农林牧渔业从业人数来度量农村人力资本。

由表 2-9 可知，近 20 年来，长江经济带农林牧渔业从业人数年均增长率为-2.05%，平均从业人数 12244.02 万人，整体处于持续下降趋势。从区域层面来看，上游地区从业人数最多，年平均为 5630.51 万人，下游地区最小，年平均为 1629.20 万人；从变化率来看，长江经济带农林牧渔业从业人数下降率，下游地区>中游地区>下游地区，年均下降率依次为-3.85%、-2.16%和-1.37%；从省市域角度看，湖北、浙江、江苏的农林牧渔业从业人数下降率最快，分别达到-5.55%、-4.45%和-3.54%。

表 2-9　**2000—2018 年长江经济带上、中、下游地区和沿线 11 省份农林牧渔从业人数（单位：万人）**

地区	2000 年	2005 年	2010 年	2015 年	2016 年	2017 年	2018 年	均值	增长率	排名
上海	87.97	61.09	36.35	57.40	57.40	57.40	53.40	58.71	-2.73%	5
江苏	1502.75	1076.74	883.32	815.60	802.10	788.50	785.20	950.60	-3.54%	4
浙江	1021.02	791.10	633.87	506.50	481.00	455.50	450.18	619.88	-4.45%	2
安徽	2017.91	1778.22	1538.50	1332.90	1291.80	1250.70	1246.90	1493.85	-2.64%	6
江西	1004.40	967.38	867.15	791.60	776.40	761.30	758.30	846.65	-1.55%	7
湖北	1204.80	1133.87	920.62	573.10	503.60	434.10	430.80	742.98	-5.55%	1
湖南	2104.42	1962.02	1871.86	1849.00	1844.40	1839.80	1834.30	1900.83	-0.76%	10
重庆	925.23	779.54	632.72	517.80	494.80	471.90	460.10	611.73	-3.81%	3
四川	2643.38	2329.90	2142.07	2060.90	2044.70	2028.50	2016.40	2180.84	-1.49%	9
贵州	1377.89	1271.98	1192.13	1100.30	1081.90	1063.50	1050.30	1162.57	-1.50%	8
云南	1695.88	1709.24	1671.54	1665.70	1664.60	1663.40	1657.30	1675.38	-0.13%	11
上游	6642.38	6090.65	5638.46	5344.70	5286.00	5227.30	5184.10	5630.51	-1.37%	3
中游	6331.53	5841.49	5198.13	4546.60	4416.20	4285.90	4270.30	4984.31	-2.16%	2

续表

地区	2000年	2005年	2010年	2015年	2016年	2017年	2018年	均值	增长率	排名
下游	2611.74	1928.94	1553.53	1379.50	1340.50	1301.40	1288.78	1629.20	-3.85%	1
长江经济带	15585.64	13861.08	12390.122	11270.8	11042.7	10814.6	10743.18	12244.02	-2.05%	—

资料来源：根据《中国农村统计年鉴》、《中国统计年鉴》（2001—2019）提供的相关统计数据整理。

第三节　长江经济带农业生态资本运营产出情况分析

一、农业生态资本期望产出

（一）农业产量

1. 粮食产量

2000—2018 年长江经济带粮食产量总体呈上升趋势（表 2-10），其中 2005 年产量有所下降，但 2010 年又有回升。2018 年长江经济带粮食产量为 23916.7 万吨，较 2000 年增加 3237.3 万吨。

表 2-10　**2000—2018 年长江经济带上、中、下游地区和沿线 11 省份粮食产量（单位：万吨）**

地区	2000年	2005年	2010年	2015年	2016年	2017年	2018年	均值	增长率	排名
上海	174	105.4	118.4	112.1	99	89	103.7	114.51	-2.83%	11
江苏	3106.6	2834.6	3235.1	3561.3	3466	3540	3660.3	3343.41	0.92%	2
浙江	1217.7	814.7	770.7	752.2	753.1	769	599.1	810.93	-3.86%	10
安徽	2472.1	2605.3	3080.5	3538.1	3417.8	3476	4007.3	3228.16	2.72%	3
江西	1614.6	1757	1954.7	2148.7	2138.4	2127	2190.7	1990.16	1.71%	6
湖北	2218.5	2177.4	2315.8	2703.3	2554.4	2600	2839.5	2486.99	1.38%	5
湖南	2767.9	2678.6	2847.5	3002.9	2953	2984	3022.9	2893.83	0.49%	4
重庆	1106.9	1168.2	1156.1	1154.9	1166	1167	1079.3	1142.63	-0.14%	9
四川	3372	3211.1	3222.9	3442.8	3469.9	3498	3493.7	3387.20	0.20%	1
贵州	1161.3	1152.1	1112.3	1180	1192.3	1179	1059.7	1148.10	-0.51%	8

续表

地区	2000 年	2005 年	2010 年	2015 年	2016 年	2017 年	2018 年	均值	增长率	排名
云南	1467.8	1514.9	1531	1876.4	1903.7	1930	1860.5	1726.33	1.33%	7
上游地区	7108	7046.3	7022.3	7654.1	7731.9	7774	7493.2	7404.26	0.29%	—
中游地区	9073.1	9218.3	10198.5	11393	11063.6	11187	12060.4	10599.13	1.59%	—
下游地区	4498.3	3754.7	4124.2	4425.6	4318.1	4398	4363.1	4268.86	-0.17%	—
长江经济带	20679.4	20019.3	21345	23472.7	23113.6	23359	23916.7	22272.2	0.0	—

资料来源：根据《中国统计年鉴》(2001—2019) 提供的相关统计数据整理。

从 2000—2018 年长江经济带上、中、下游地区粮食产量来看，中游地区粮食产量最高，上游地区次之，下游地区最低。从变化情况来看，长江经济带上、中游地区粮食产量均有所增加，粮食生产形势良好，其中中游地区粮食产量速度最快，上游地区次之，平均增长率分别为 1.59%和 0.29%，而下游地区出现负增长现象，年均增长率放缓至-0.17%。特别是上海市和浙江省，年均粮食产量增长率分别为-2.83%和-3.86%，负增长状态明显，造成这一状况的可能原因在于：地处长江经济带下游的上海市和浙江省经济发展水平居 11 省市前列，人均 GDP 较高，农民就业选择相较其他省份机会更多，农民选择非农产业就业，导致粮食产量降低。

从 2000—2018 年长江经济带 11 省份粮食产量来看，除上海市、浙江省、重庆市和贵州省粮食产量有所减少外，其他沿线省份粮食产量均有所增加。重庆市和贵州省年均粮食产量分别为 1142.63 万吨和 1148.10 万吨。其中，重庆市粮食产量期末相较于期初减少了 27.6 万吨，在整个研究期内粮食产量呈波动下降趋势；贵州省粮食产量在研究期内也呈现波动中减少态势。这两个省市位于长江经济带上游地区，出现粮食产量波动的现象与其独特的地理位置、气候条件密切相关，在研究期内上游地区在 2013 年、2018 年遭受过洪涝和泥石流等自然灾害，对其脆弱的山地农业造成了影响，使得粮食产量近年来不能维持在稳态水平。从另一个方面也可说明，农业生产受自然条件影响较大，长江经济带农田水利基础设施须加快完善。从沿线 11 省份粮食产量均值排名来看，粮食产量位列前五的省份是四川省、江苏省、安徽省、湖南省和湖北省。其中，中部地区的湖南、湖北、江西和安徽气候适宜、地形平坦、土地资源结构合理，具有难得的大农业生产基础优势，是我国重要的粮、棉、油、渔生产基地①。

① 罗志高，杨继瑞．长江经济带农业绿色发展的现实困境与对策思考［J］．重庆工商大学学报（社会科学版），2019，36（5）：20-27.

2. 经济作物产量

从主要经济作物产量来看，本书结合后文对农业碳汇量的统计，列举了棉油糖类和水果等经济作物的产量来分析研究期内各作物的增减趋势，见表 2-11、表 2-12、表 2-13、表 2-14，如图 2-4、图 2-5、图 2-6、图 2-7 所示。

表 2-11　**2000—2018 年长江经济带棉花产量及其占全国比重**

年份	长江经济带棉花产量（万吨）	长江经济带棉花产量占全国的比重
2000	121.02	27.40%
2005	135.60	23.73%
2010	145.49	25.22%
2011	157.38	24.14%
2012	151.13	22.87%
2013	129.54	20.62%
2014	108.49	17.22%
2015	93.95	15.90%
2016	57.99	10.85%
2017	52.13	9.22%
2018	42.91	7.03%

资料来源：根据《中国农村统计年鉴》（2001—2019）提供的相关统计数据整理。

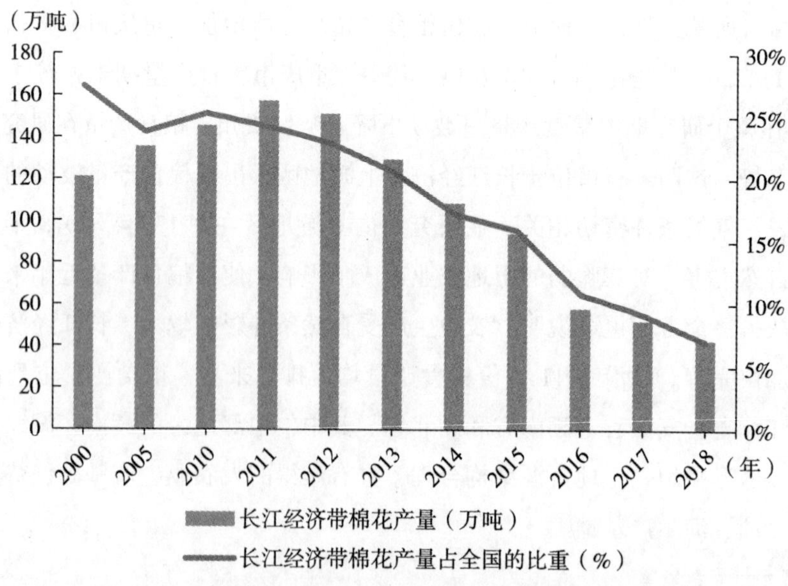

图 2-4　2000—2018 年长江经济带棉花产量及其占全国比重

表 2-12　　**2000—2018 年长江经济带油菜籽产量及其占全国比重**

年份	长江经济带油菜籽产量（万吨）	长江经济带油菜籽产量占全国的比重
2000	965.46	84.83%
2005	1067.33	81.78%
2010	1061.53	83.01%
2011	1105.42	84.15%
2012	1145.87	85.51%
2013	1188.37	87.88%
2014	1215.60	87.37%
2015	1229.00	88.68%
2016	1197.31	91.20%
2017	1103.89	83.16%
2018	1111.98	83.73%

资料来源：根据《中国农村统计年鉴》（2001—2019）提供的相关统计数据整理。

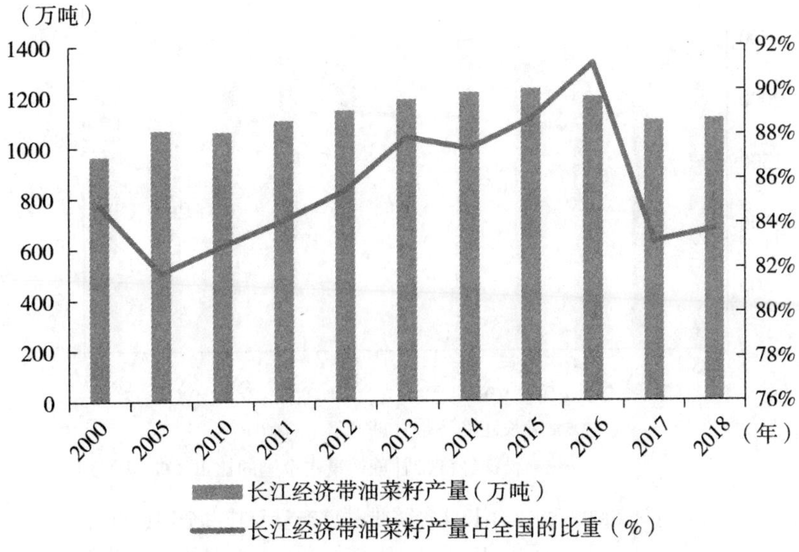

图 2-5　2000—2018 年长江经济带油菜籽产量及其占全国比重

表 2-13　　**2000—2018 年长江经济带甘蔗产量及其占全国比重**

年份	长江经济带甘蔗产量（万吨）	长江经济带甘蔗产量占全国的比重
2000	2182.44	31.96%

续表

年份	长江经济带甘蔗产量（万吨）	长江经济带甘蔗产量占全国的比重
2005	1997.22	23.05%
2010	2185.87	20.62%
2011	2312.88	21.28%
2012	2513.04	21.71%
2013	2634.74	22.09%
2014	2598.60	22.44%
2015	2406.20	22.47%
2016	2176.63	21.09%
2017	1786.23	17.11%
2018	1930.10	17.86%

资料来源：根据《中国农村统计年鉴》（2001—2019）提供的相关统计数据整理。

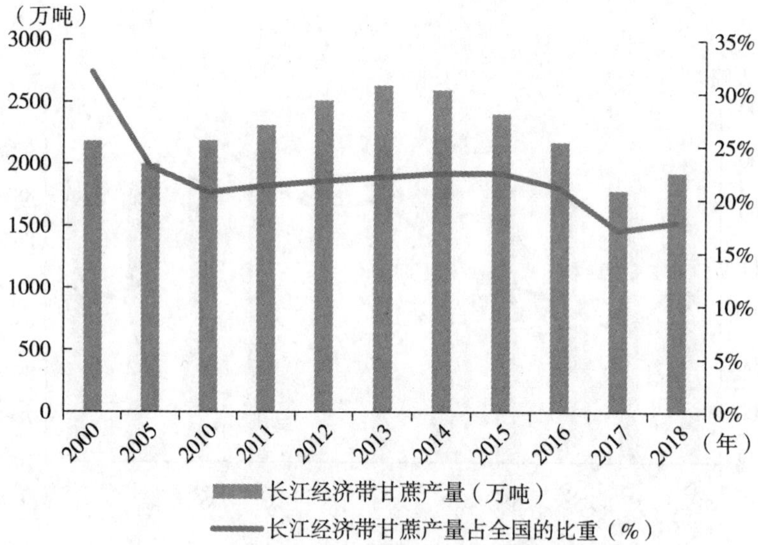

图 2-6　2000—2018 年长江经济带甘蔗产量及其占全国比重

表 2-14　**2000—2018 年长江经济带水果产量及其占全国比重**

年份	长江经济带水果产量（万吨）	长江经济带水果产量占全国的比重
2000	1331	21.38%
2005	4356	27.02%
2010	5865	29.19%

续表

年份	长江经济带水果产量（万吨）	长江经济带水果产量占全国的比重
2011	6351	30. 22%
2012	6680	30. 24%
2013	6909	30. 37%
2014	7245	31. 09%
2015	7619	31. 07%
2016	7778	31. 87%
2017	7397	29. 30%
2018	7770	30. 25%

资料来源：根据《中国农村统计年鉴》（2001—2019）提供的相关统计数据整理。

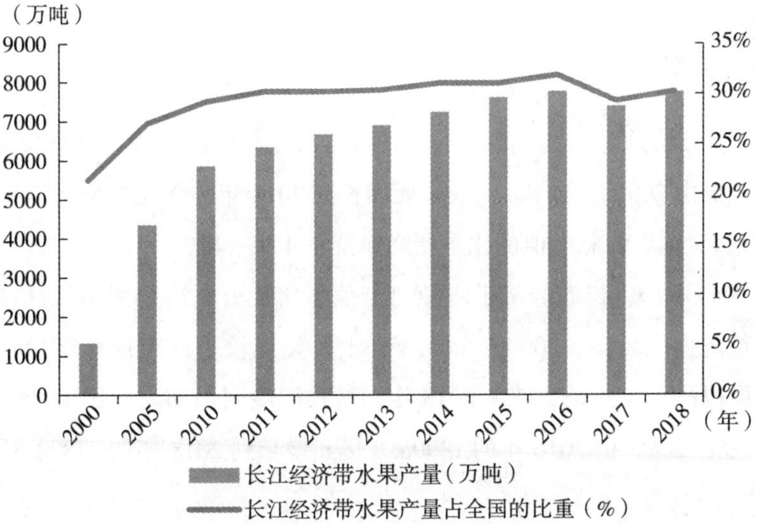

图 2-7　2000—2018 年长江经济带水果产量及其占全国比重

2000—2018 年长江经济带棉花和糖类的产量呈持续下降趋势，油料和水果的产量呈持续上升趋势。其中，相较于研究期初，棉花产量减少了 78. 11 万吨，以甘蔗为主的糖类产量减少了 252. 34 万吨。油料产量总体呈上升趋势，值得注意的是，相较于研究期初，2018 年长江经济带油菜籽产量减少了 146. 52 万吨，但总体占全国的比例仍维持在 80%以上。水果产量在波动中上升，2016 年达到峰值 7778 万吨。与 2016 年的产量相比，2017 年和 2018 年的水果产量有所下降，但期末年份与期初年份相比，产量增长了近 6 倍。

从主要经济作物产量占全国比重来看，初期阶段棉花产量占比近 3 成，到期末已降为个位数，仅占全国比重的 7.03%。究其原因在于：虽然长江流域棉区属于我国第二大棉区，江苏和湖北属于这一区域的棉花种植大省，但从播种面积来看，目前江苏的种植面积已大幅下降，仅剩湖北居于长江流域首位。这是因为江苏省处国民经济比较发达地区，社会经济条件、市场、种植制度和生产方式发生了较大变化，加之棉花病虫害现象时有发生，导致棉花生产成本上升，生产效益下降，因此棉田面积不断减少。在油料产量方面，以油菜籽为主的油料产量在近 20 年中占全国的份额稳居 80%以上，而得益于长江经济带优越的气候水文条件，使得沿线四川省、湖南省、湖北省、江西省和安徽等省成为油料产量的大省，特别是湖北省已成为全国油菜种植大省，其油菜种植面积连续 23 年位居全国第一。在水果产量方面，2000—2018 年长江经济带水果产量占全国比重呈稳步上升趋势，近年来一直保持在 30%左右的占有量，主要原因在于：人们生活水平的提高，对水果的消费需求与日递增。长江经济带水文地理条件优越，适宜根据区域布局发展标准化、规模化种植，加强品牌建设，打造现代果业产业链体系。

（二）农业产值

在农业经济产出方面，研究期内，长江经济带农业总产值出现持续增长的趋势，具体来看，农业总产值由 2000 年的 5744.43 亿元增长到 2018 年的 27822.87 亿元，年均增长率约 21.35%，其占全国农业总产值的比重始终保持在 40%~46%。

从表 2-15 可以看出，长江经济带农业总产值逐年上升，这是因为该区域农业发展较好，对于农业经济投入较多。2000—2008 年，上升幅度较小；2009 年开始长江经济带农业总产值大幅度提高，尤其是 2017—2018 年，增长幅度明显加大。2010 年开始长江经济带农业总产值逐年提高，由 2010 年的 13998.8 亿元增长到 2018 年的 27822.87 亿元，年均增幅为 0.66%。

表 2-15　**长江经济带各省市 2000—2018 年农业总产值（单位：亿元）**

地区	2000 年	2005 年	2010 年	2015 年	2017 年	2018 年	均值	增长率	排名
上海	89.81	111.25	155.3	162	146.4	104.37	128.19	0.90%	11
江苏	1096.02	1291.06	2269.6	3722.1	3764.7	4141.72	2714.20	15.44%	1
浙江	520.39	654.81	1041.3	1434.7	1494.5	1967.01	1185.45	15.44%	8
安徽	675.27	818.48	1544.4	2174.6	2241.4	2638.01	1682.03	16.14%	5
江西	387.27	510.47	801.4	1326.9	1489.3	1877.33	1065.45	21.38%	9
湖北	615.74	932.15	1921.7	2780.4	2962.5	3547.51	2126.67	26.45%	3

续表

地区	2000年	2005年	2010年	2015年	2017年	2018年	均值	增长率	排名
湖南	633.84	947.72	2059.6	3043.5	2597.6	3083.59	2060.98	21.47%	4
重庆	244.74	358.3	623.3	1033.7	1165.7	1378.27	800.67	25.73%	10
四川	785.37	1037.2	2069.3	3335.5	4004.2	4426.66	2609.71	25.75%	2
贵州	279.62	335.53	587.3	1772.6	2077	2159.54	1201.93	37.35%	7
云南	416.36	559.32	925.6	1841.5	1982.5	2498.86	1370.69	27.78%	6
上游	1726.09	2290.35	4205.5	7983.3	9229.4	10463.33	5983.00	28.12%	—
中游	2312.12	3208.82	6327.1	9325.4	9290.8	11146.44	6935.11	21.22%	—
下游	1706.22	2057.12	3466.2	5318.8	5405.6	6213.1	4027.84	14.67%	—
长江经济带	5744.43	7556.29	13998.8	22627.5	23925.8	27822.87	16945.95	21.35%	—

资料来源：根据《中国统计年鉴》（2001—2019）提供的相关统计数据整理。

从表2-15可以看出，长江经济带各省、直辖市的农业总产值都在逐年上升，其中江苏年均总产值为2714.20亿元，居长江经济带第一位，其次是四川、湖北，年均农业总产值分别为2609.71亿元、2126.67亿元。相比之下，江西、浙江两地年均农业总产值较低，分别为1065.45亿元和1185.45亿元。贵州农业总产值年均增长率最高，为37.35%。综合来看，2000—2018年长江中游地区年均农业总产值最高，为6935.11亿元，年均增长率为21.22%；长江上游地区年均总产值次之，为5983.00亿元，年均增长率为28.12%。

（三）农业碳汇量

农业是一个复杂系统，涉及大量物质能量的输入、输出，且受人类活动影响。农业生产不仅如前所述在生产过程中由于能源燃烧、化肥施用、灌溉和农业机械使用排放大量的碳，同时，由于农作物本身的特性，其在生长发育过程中能通过光合作用吸收碳。农田土壤本身也能固定碳，形成碳汇。农业生产中的碳汇主要来自两个方面：农作物生长过程中吸收大气中二氧化碳形成的净初级生产力（NPP）和农田土壤固碳。农田碳循环主要是NPP与土壤有机碳之间的转化过程。农田碳汇估算一般分为农作物碳汇及农田土壤碳汇的估算。

1. 农业生产碳吸收量的测算

本节在对农田生态系统碳循环过程进行简化的基础上，建立农业生态系统碳汇估算模型。该模型只考虑农作物生长过程中光合作用带来的碳吸收。需要指出的是，虽然本书的碳吸收是指农作物生长发育过程中的生物产量，实际上已经包含了农作物凋落物和稻秆还田所带来的碳，并扣除了农作物光合作用消耗的碳。对于土壤碳库的变化，由于较难获取数据，在此忽略不计。农业碳吸收量主要依据农作物产量、经济系数和碳吸收率进行估算。

农作物生育期碳吸收 A 的估算公式为：

$$A = \sum_{i}^{k} A_d \tag{2-1}$$

式（2-1）中，A 为区域农田作物碳吸收总量，单位为 $tC \cdot a^{-1}$；A_d 为该种农作物全生育期对碳的吸收量。其中，$A_d = A_f D_w = A_f Y_w / H_i$。$A_f$ 为农作物的碳吸收率，即农作物合成有机质（干质量）所需要吸收的碳；D_w 为农作物的生物产量；Y_w 为农作物的经济产量；H_i 为农作物的经济系数。粮食作物和经济作物的碳吸收率与经济系数主要应用王修兰①、韩召迎②的数据（表 2-16）。

表 2-16　　**中国主要农作物经济系数和碳吸收率**

作物名称	经济系数	碳吸收率
稻谷	0. 45	0. 414
小麦	0. 40	0. 485
玉米	0. 40	0. 471
豆类	0. 34	0. 450
薯类	0. 70	0. 423
棉花	0. 10	0. 450
油菜籽	0. 25	0. 450
甘蔗	0. 50	0. 450
水果	1. 75	0. 450

运用式（2-1），即我国主要农作物经济系数和碳吸收率计算长江经济带主要农作物碳吸收量、主要农作物碳吸收总量及碳吸收强度，见表 2-17、图 2-8。

① 王修兰．二氧化碳、气候变化与农业［M］．北京：气象出版社，1996：8.

② 韩召迎，孟亚利，徐娇，等．区域农田生态系统碳足迹时空差异分析——以江苏省为案例［J］．农业环境科学学报，2012，31（5）：1034-1041.

表 2-17　　**2000—2018 年长江经济带主要农作物碳吸收量测算**

年份	碳吸收量（万吨）									合计（万吨）
	稻谷	小麦	玉米	豆类	薯类	棉花	油菜籽	甘蔗	水果	
2000	11725. 17	3319. 23	2814. 78	820. 03	1085. 21	544. 60	1737. 82	1964. 19	342. 20	24353. 24
2001	11131. 80	3033. 59	2720. 43	883. 33	1047. 76	686. 66	1757. 77	2030. 10	407. 97	23699. 41
2002	10903. 56	2802. 33	2923. 85	957. 44	1100. 22	580. 74	1558. 80	2322. 72	422. 20	23571. 87
2003	10059. 00	2635. 36	2624. 59	901. 03	1048. 69	515. 18	1677. 20	2237. 26	1051. 58	22749. 89
2004	11273. 59	2899. 27	2846. 86	879. 15	1076. 80	745. 56	1955. 62	2095. 73	1100. 67	24873. 25
2005	11346. 18	3006. 07	2839. 12	878. 39	1083. 13	610. 19	1921. 19	1797. 50	1120. 13	24601. 88
2006	11337. 17	3368. 22	2809. 06	874. 56	1023. 03	740. 02	1872. 97	2015. 47	1203. 64	25244. 13
2007	11508. 42	3793. 11	2920. 48	790. 85	834. 68	763. 57	1532. 91	1703. 84	1287. 07	25134. 91
2008	11903. 02	3820. 18	3141. 03	870. 87	870. 88	724. 32	1744. 46	2151. 07	1358. 67	26584. 49
2009	12109. 50	3854. 20	3275. 27	879. 26	917. 00	659. 66	2003. 57	2000. 03	1435. 48	27133. 98
2010	11909. 18	3829. 34	3453. 44	790. 80	911. 91	654. 71	1910. 75	1967. 28	1508. 20	26935. 62
2011	12074. 78	3970. 68	3393. 37	830. 67	939. 02	708. 20	1989. 76	2081. 60	1633. 07	27621. 13
2012	12264. 61	4110. 59	3746. 28	836. 71	976. 07	680. 10	2062. 57	2261. 73	1717. 79	28656. 45
2013	12213. 49	4238. 98	3758. 77	813. 20	1006. 19	582. 92	2139. 07	2371. 27	1776. 57	28900. 46
2014	12391. 02	4405. 50	3881. 98	850. 90	1022. 51	488. 19	2188. 08	2338. 74	1862. 95	29429. 86
2015	12597. 52	4455. 24	4018. 75	872. 15	1050. 12	422. 78	2212. 20	2165. 58	1959. 24	29753. 57
2016	12409. 24	4318. 72	3962. 91	884. 06	1057. 39	260. 96	2155. 16	1958. 97	2000. 17	29007. 58
2017	12698. 72	4617. 09	4945. 39	775. 18	930. 72	234. 58	1987. 00	1607. 60	1902. 03	29698. 30
2018	12742. 36	4522. 39	4665. 13	807. 71	962. 34	193. 09	2001. 56	1737. 09	1997. 97	29629. 64

资料来源：根据表 2-16 的系数，结合《中国统计年鉴》（2001—2019）中相关指标产量计算所得。

通过表 2-17 与图 2-8 可以看出：长江经济带主要农作物的碳吸收量随着时间的增加呈逐年上升的趋势。与研究期初相比，主要农作物的碳吸收量增加了 5276. 4 万吨，年均增长率为 1. 1%。碳吸收强度也大致呈递增的态势。在我国农作物的碳吸收过程中，稻谷、小麦和玉米的碳吸收量占农作物碳吸收的绝大比重，如 2018 年三种作物的碳吸收总量占当年农作物碳吸收总量的比重依次为 43. 01%、15. 26%和 15. 74%。这主要是因为稻谷和小麦是我国排名第一和第二大的粮食作物，玉米是我国最主要的杂粮，在长江流域广泛种

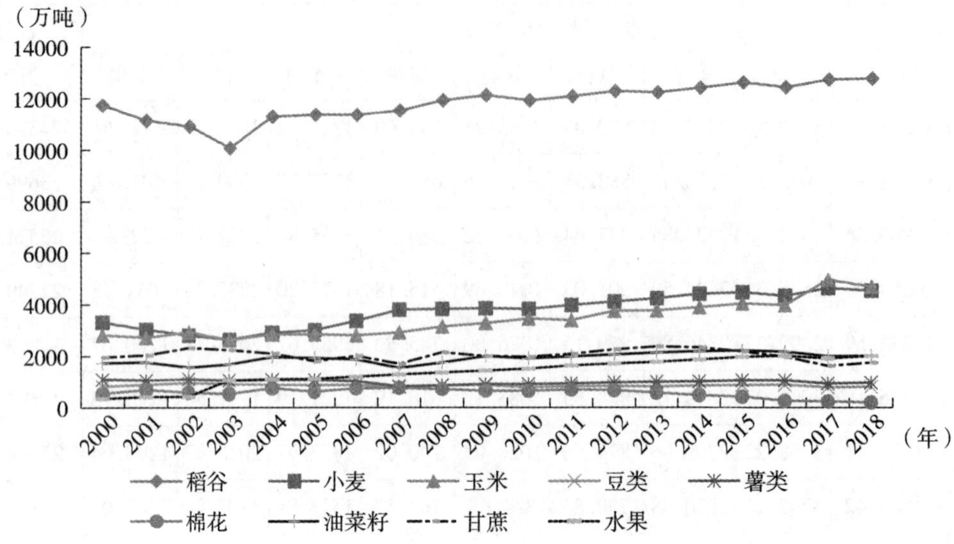

图 2-8 长江经济带主要农作物碳吸收总量

值。而豆类、棉花和甘蔗的种植面积有限，碳吸收量相对较小，种植比例位于长江经济带主要农作物的末位，其比例分别为 2. 73%、0. 65%和 5. 86%。

2. 长江经济带农业生产净碳汇测算

农业生产碳汇是指农作物吸收大气中的二氧化碳并将其固定在植被或土壤中，从而减少该气体在大气中的浓度过程。本节主要结合前述农业碳排放量的测算和农业碳吸收量的测算，来分析长江经济带农业生产中的碳汇功能及其发挥的程度。结合前面的分析，农业生产中碳汇的计算公式可表述为：

$$T_t = A_t - C_t \tag{2-2}$$

其中，T_t、A_t 和 C_t 分别表示净碳汇、农作物在生长发育期的碳吸收量和碳排放量。

运用表 2-17 和下文表 2-20 测算碳排放量和碳吸收量的数据，计算得到长江经济带 2000—2018 年净碳汇，见表 2-18。

表 2-18 长江经济带农业生产历年碳汇量（单位：万吨）

年份	碳汇量	年份	碳汇量
2000	19911. 95	2003	18278. 68
2001	19237. 25	2004	20275. 70
2002	19104. 79	2005	19896. 72

续表

年份	碳汇量	年份	碳汇量
2006	20456. 82	2013	23588. 47
2007	20390. 12	2014	24096. 21
2008	21710. 65	2015	24435. 32
2009	22139. 44	2016	23732. 77
2010	21837. 94	2017	24535. 20
2011	22424. 55	2018	24556. 34
2012	23390. 34		

资料来源：根据式（2-1）和式（2-2）计算整理所得。

表2-18计算了长江经济带农业生产的净碳汇情况。从表中的数据资料可以看出，长江经济带的农业生产是净碳汇，即农业碳吸收量大于碳排放量，并呈逐年增长的态势。值得注意的是，在第三章第二节碳排放量的测算过程中，由于无法剥离狭义农业能源消耗的具体数据资料，使得最终计算的碳排放量是广义农业的碳排量，这也就意味着本小节计算的净碳汇指标值与实际数据会存在差异，即不能作为我国净碳汇量的严格的结论，但可以对长江经济带农业的碳吸收量和碳排放量之间的关系进行简单直观的了解和把握。

二、长江经济带农业生态资本非期望产出现状

非期望产出是在农业生产过程中对生态环境造成的污染，本书选取农业排放量进行衡量。

（一）农业碳排放量测算方法

农业碳排放的来源主要包括：使用农业化学制品、农业机械消耗化石燃料、农业灌溉消耗电能造成的间接排放、农业耕作造成的有机碳流失等。① 为此，本书参考田云、田伟等已有相关研究成果，结合长江经济带的特性，选取化肥、农药、农膜、农用柴油、农业灌溉、农业耕作六项指标估算农业碳排放量。其中，农业碳排放所需的灌溉、翻耕、化肥、农药、农膜和农用柴油等数据均来源于长江经济带11省市的《统计年鉴》和《2019年中国农村统计年鉴》。各生产物资具体的农业碳排放系数及其参考来源，见

① 王宝义，张卫国．中国农业生态效率的省际差异和影响因素［J］．中国农村经济，2018（1）：46-62.

表 2-19。

表 2-19　　农业生产中的主要碳源及其碳排放系数

碳源	碳排放系数	参 考 来 源
化肥	0. 8945kg · kg^{-1}	West and Marland, 2002①
农药	0. 5927 kg · kg^{-1}	美国橡树岭国家实验室
农膜	4. 9341 kg · kg^{-1}	南京农业大学生物与技术学院
柴油	5. 18 kg · kg^{-1}	IPCC
农业灌溉	312. 6kg · hm^{-2}	中国农业大学生物与技术学院
农业耕作	204. 76kg · hm^{-2}	李波等, 2011②

依据 2006 年 IPCC 提供的碳排放计算公式，将本书的农业碳排放的计算公式定义为：

$$C_t = \sum_{i=1}^{n} C_n = \delta * \rho_i \tag{2-3}$$

式中，C_t 为农业的碳排放总量，i 为碳源种类，t 为年份，C_n 指第 n 种碳源的碳排放量，δ 为各种碳排放源的量，ρ 为各种农业碳源的碳排放系数。

农业碳排放强度公示定义为：

$$A_t = \frac{C_t}{B_t} \tag{2-4}$$

其中，A_t 为农业碳排放强度，C_t 为农业的碳排放总量，B_t 是农作物翻耕面积，即农作物当年实际总播种面积。

（二）农业碳排放量结果及趋势分析

根据上述公式，本书汇总了 2000—2018 年长江经济带及其上、中、下游地区的农业碳排放量，见表 2-20，上游地区的农业碳排放量总体呈上涨趋势，中游、下游地区的农业碳排放量呈先增长后下降趋势，且下游地区下降趋势明显优于中游地区。

---

① West T O, G A Marland. Synthesis of Carbon Sequestration, Carbon Emissions and Net Carbon Flux in Agriculture: Comparing Tillage Practices in the United States [J]. Agriculture Ecosystems and Environment, 2002, 91 (1/3): 217-232.

② 李波，张俊飚，李海鹏. 中国农业碳排放时空特征及影响因素分解 [J]. 中国人口·资源与环境, 2011 (8).

表 2-20　**2000—2018 年长江经济带上、中、下游地区农业碳排放量及其增速（单位：万吨）**

年份	碳排放总量	上游碳排放量	中游碳排放量	下游碳排放量	上游年增速	中游年增速	下游年增速
2000	4441.29	1361.91	2004.84	1074.54	—	—	—
2001	4462.16	1369.55	2017.33	1075.28	0.560%	0.623%	0.069%
2002	4467.08	1377.09	2021.35	1068.64	0.551%	0.199%	-0.617%
2003	4471.21	1377.84	2042.05	1051.32	0.054%	1.024%	-1.621%
2004	4597.55	1411.53	2122.14	1063.88	2.445%	3.922%	1.195%
2005	4705.16	1456.41	2169.47	1079.28	3.179%	2.230%	1.448%
2006	4787.30	1490.35	2214.45	1082.50	2.331%	2.074%	0.298%
2007	4744.80	1470.99	2206.77	1067.03	-1.299%	-0.347%	-1.429%
2008	4873.84	1528.05	2276.52	1069.26	3.879%	3.161%	0.209%
2009	4994.54	1574.47	2338.77	1081.30	3.038%	2.734%	1.126%
2010	5097.68	1603.46	2404.37	1089.85	1.841%	2.805%	0.791%
2011	5196.58	1665.95	2438.70	1091.94	3.897%	1.428%	0.192%
2012	5266.11	1717.13	2464.48	1084.49	3.072%	1.057%	-0.682%
2013	5311.99	1747.38	2478.10	1086.51	1.762%	0.553%	0.186%
2014	5333.65	1771.73	2482.42	1079.50	1.393%	0.174%	-0.645%
2015	5318.25	1785.07	2459.34	1073.84	0.753%	-0.930%	-0.524%
2016	5274.82	1790.74	2428.70	1055.38	0.317%	-1.246%	-1.720%
2017	5163.10	1751.47	2382.41	1029.22	-2.193%	-1.906%	-2.478%
2018	5073.30	1724.25	2335.44	1013.61	-1.554%	-1.972%	-1.516%

资料来源：根据《中国统计年鉴》（2001—2019）提供的相关统计数据整理。

从 2000—2018 年长江经济带碳排放总量来看，长江经济带农业碳排放总量整体呈上升趋势（图 2-9），年均增长率为 0.24%，低于 0.99%的全国增长速度。其中，2000—2014 年长江经济带农业碳排放总量持续上升，2015—2018 年长江经济带农业碳排放总量出现连续下降。

以 2018 年长江经济带沿线 11 省份农业碳排放总量变化情况为例（图 2-10），农业碳排放量和碳排放强度都较大的是安徽省、江苏省和湖北省，处于长江经济带中下游区域，农业资源丰富，水土条件优越，其中，平原面积占 47.1%，淡水养殖面积占 67.2%，是长江经济带农业生产的高密度区和我国重要的农业生产基地。从碳排放强度来看，浙江、上

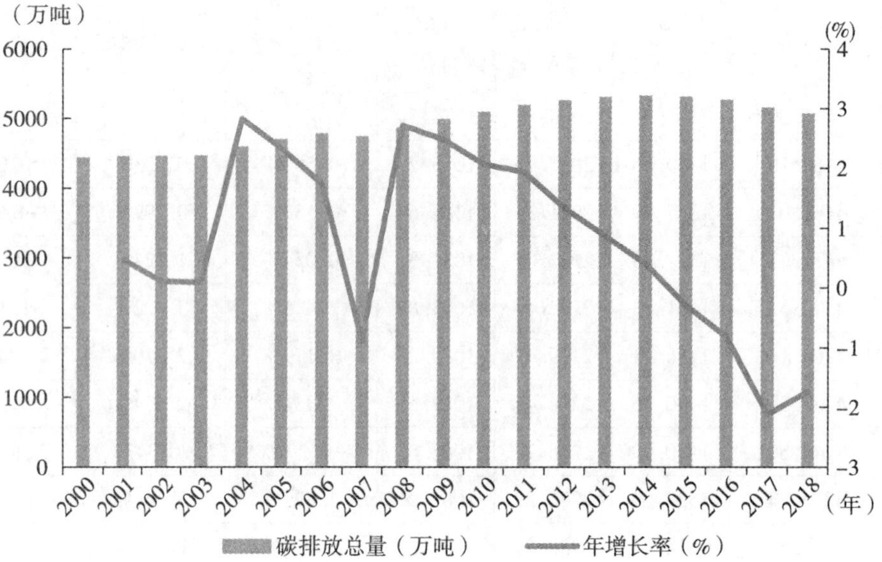

图 2-9　2000—2018 年长江经济带农业碳排放总量趋势图

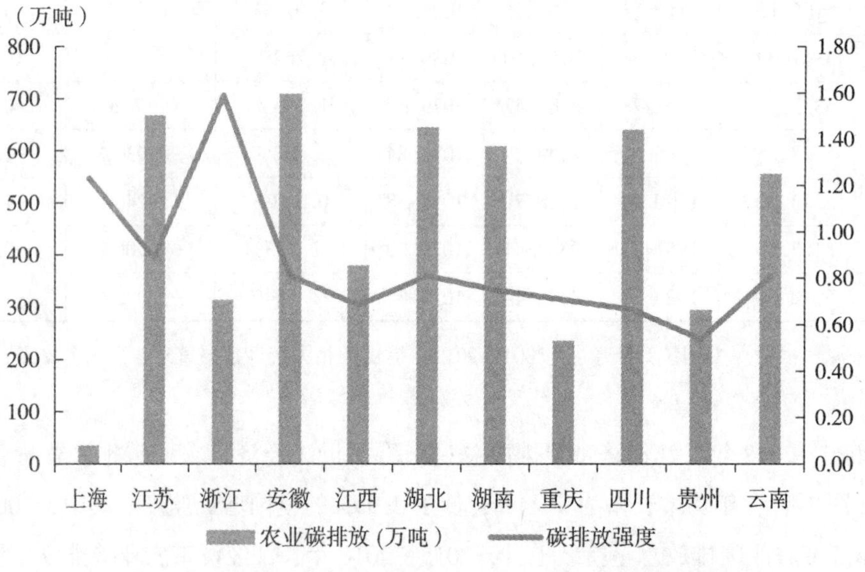

图 2-10　2018 年长江经济带沿线省市农业碳排放量和碳排放强度

海、江苏的农业碳排放强度居 11 省市前三名，分别为 1. 59%、1. 23% 和 0. 89%。这三个省市均处于长江经济带下游地区，农业及农村工业发达，农村经济基础雄厚。上海市的农业碳排放量在总量上虽然最小，但从碳排放强度来看却是最大的，一方面源于上海稀有的农地资源，用于农业生产的播种面积很少，远低于长江经济带的其他地区；另一方面，上海是中国经济最发达的地区之一，偏重农业集约化、机械化和规模化发展，使得不断稀缺的农地耕作面积与逐年递增的人口之间的迫切需求，无形中要求上海的农业产量必须保持高产，现有的耕地面积保持高产，一方面要保持大量的农用物资投入生产，另一方面要不断提高技术水平，在技术水平一定的情况下，只能不断地加大投入，从而导致上海的农业碳排放强度最大。

第三章　长江经济带农业生态资本运营效率测度

农业生态资本运营效率是反映农业生态资本运营的重要指标，客观评价长江经济带农业生态资本运营效率对于促进区域农业生态资本运营具有重要的作用。现有文献对农业生态资本运营效率的研究立足于农业生态环境质量、数量和整体服务功能，却忽略了将农业生态环境作为要素投入整个生产运营环节的积累和转化问题，这一问题的忽略容易导致测算结果不够准确，从而影响农业生态资本运营效率的真实水平。因此，本章采用两阶段网络SBM模型和GML指数测算2000—2018年长江经济带11省市农业生态资本运营效率，并将效率值分解为积累效率和转化效率两个阶段，旨在打开农业生态资本运营过程的“黑箱”，把握各省市农业生态资本运营的现状。

第一节　农业生态资本运营效率测度的评价方法选取

一、农业生态资本运营效率测度方法

当前，在效率测度上主要使用以下方法：生态足迹法（方恺，2013、2014、2015）、SFA（全炯振，2009；张乐、曹静，2013）与单要素投入的DEA方法（孟令杰、李静，2004）、多要素投入的DEA方法（潘丹，2013）、全要素投入的DEA方法（周鹏飞，2019）等。在这些评价方法中，DEA方法由于不受投入产出量纲的影响，也不需要预先赋予权重，一定程度上降低了人为主观因素的影响，从而被广泛应用于各领域作为效率测度的常用方法①。

DEA方法经过众多学者的一系列拓展，成为效率测算中的主流方法。其中，传统的DEA方法中包括CCR模型与BCC模型，CCR模型是基于规模报酬不变的前提下对投入产出要素的效率测算；鉴于CCR模型规模报酬不变的约束对于效率测算在一定程度上的局

① 徐祥．中国粮食主产区农业生态效率评价、收敛性及影响因素研究［D］．蚌埠：安徽财经大学，2020.

限性，基于规模报酬可变的 BCC 模型将效率分解为纯技术效应与规模效率，使得效率测算更加完善。但是，传统的 DEA 模型在测算效率时，一方面使得投入产出要素出现松弛性问题，往往造成结果的失真；另一方面，没有考虑非期望产出对生态环境的影响会造成测算结果可能出现偏差（Hailu A，2000）与现实不符①。为了弥补以上传统 DEA 模型在效率测算中的不足，SBM 模型可以较好地处理以上问题，该模型通过将农业生产中的非期望产出（如农业碳排放、农业面源污染等环境污染）纳入指标评价体系，并将投入产出中松弛变量的处理在模型中得到体现，使得测算出的农业生态效率更加突出农业经济发展与生态环境之间的协调关系。

（一）考虑非合意产出的 SBM Undesirable 模型的测度方法

SBM Undesirable 模型的基本原理如下所示（Tone，2001；杨良杰等，2013；杨清可等，2014；周亮等，2019；李根等，2019）：

假设农业生态资本系统中有 n 个生产决策单元（Decision Making Unit，简称 DMU），每个 DMU 分别由以下三组向量组成：投入向量 $x \in R^m$，期望产出向量 $y^n \in R^a$，非期望产出向量 $y^e \in R^b$，其中，m，a，b 分别为投入产出要素的种类。定义以下矩阵分别为：$X = [x_1, \cdots, x_n] \in R^{m\times n}$，$Y^e = [y_1^e, \cdots, y_n^e] \in R^{a\times n}$，$Y^n = [y_1^n, \cdots, y_n^n] \in R^{b\times n}$，并且满足条件 $X > 0$，$Y^e > 0$，$Y^n > 0$，基于不变报酬下的系统生产可能集定义为：$P = \{(x, y^e, y^n) \mid x \geqslant X\lambda, y^e \leqslant Y^e\lambda, y^n \geqslant Y^n\lambda, \lambda \geqslant o\}$，则 SBM-Undesirable 模型为：

$$
\begin{cases}
\rho^* = \min \dfrac{1 - \dfrac{1}{m}\sum\limits_{i=1}^{m}\dfrac{D_i^-}{x_{i0}}}{1 + \dfrac{1}{a+b}\left(\sum\limits_{r=1}^{a}\dfrac{D_r^e}{y_{r0}^e} + \sum_{h=1}^{b}\dfrac{D_h^n}{y_{h0}^n}\right)} \\
s.t.\ x_0 = X\lambda + D^-,\ y_0^e = Y^e\lambda - D^e,\ y_0^n = Y^n\lambda + D^n \\
D^- \geqslant 0,\ D^e \geqslant 0,\ D^n \geqslant 0,\ \lambda \geqslant 0
\end{cases}
\tag{3-1}
$$

式中，D^-、D^e、D^n 表示投入、期望产出和非期望产出的松弛变量；ρ^* 代表生产决策单元的农业生态资本运营效率目标值，$\rho^* \in [0, 1]$；当 $\rho^* = 1$，即 $D^- = 0$，$D^e = 0$，$D^n = 0$，表示农业生态决策单元效率完全有效，反之需要改进。

① Hailu A, Veeman T S. Environmentally Sensitive Productivity Analysis of the Canadian Pulp and Paper Industry, 1959—1994: An Input Distance Function Approach [J]. Journal of Environmental Management, 1997, 51 (3): 229-240.

（二）两阶段网络 SBM 模型的测度方法

无论是传统的 DEA 模型还是 SBM 模型，其共性都是进行单阶段效率测算，并将整个过程看成一个“黑箱”来评价，这种方法无法有效评价系统运行过程中的真实效率情况，容易造成对系统整体效率的高估。针对这一不足，Fare 和 Grosskopf（1996）提出了网络 DEA 模型，旨在打开系统运行的“黑箱”①。2010 年，Tone 和 Tustsui 对单阶段 SBM 模型做了进一步改进，构建了基于松弛变量的网络 DEA 模型，该模型克服了“投入-产出”等比例的局限，实现了在评价决策单元整体效率的同时评价其子阶段的效率。② 基于此，本书采用可变规模报酬假设下的基于非角度、非径向的考虑非合意产出的两阶段网络 NSBM（Network SBM Model）模型，解决多个有效决策单元无法排序的问题，其基本模型如下。

基于 Tone（2009）对改进的网络 SBM 模型的研究，本书设置 n 个决策单元 $DMU_n(n=1, 2, \cdots, N)$，$N=11$；k 个节点($k=1, \cdots, k$) 的农业生态资本运营效率。令 $K=2$，表示每个 DMU 均由两个阶段构成。其中 ρ^* 是农业生态资本运营效率值。令 m_k 和 r_k 为第 k 个节点投入和产出变量的个数，第 k 个节点到第 h 个节点的关系为（k，h），连接变量的个数为 L。令投入变量、产出变量和连接变量为 x_j^k、y_j^k 和 $z_j^{(k, h)}$，则生产可能集被定义为：

$$x^k \geqslant \sum_{j=1}^{n} x_j^k \lambda_j^k (k=1, \cdots, K)$$

$$y^k \geqslant \sum_{j=1}^{n} y_j^k \lambda_j^k (k=1, \cdots, K)$$

$$z^{(k, h)} = \sum_{j=1}^{n} z_j^{(k, h)} \lambda_j^k \text{（第 } k \text{ 阶段作为产出）}, \lambda_j^k \geqslant 0(\forall j, k) \tag{3-2}$$

$$z^{(k, h)} = \sum_{j=1}^{n} z_j^{(k, h)} \lambda_j^h \text{（第 } h \text{ 阶段作为产出）}, \lambda_j^h \geqslant 0(\forall j, h)$$

其中，λ^k 和 λ^h 表示 k 和 h 阶段的模型向量，考虑到第一阶段和第二阶段同等重要，因此各阶段的权重设定相同。

然后，引入松弛变量，决策单元 $DMU_0(O=1, \cdots, n)$ 表达式为：

$$x_0^k = X^k \lambda^k + s^{k-}, \ y_0^k = Y^k \lambda^k - s^{k+}, \ \lambda^k \geqslant 0, \ s^{k-} \geqslant 0, \ s^{k+} \geqslant 0, \ \forall k \tag{3-3}$$

---

① Fare R, Grosskopf S. Productivity and Intermediate Products: A Frontier Approach [J]. Economics Letters, 1996, 50 (1): 60-70.

② Tone K, Tsutsui M. Dynamic DEA: a Slacks-based Measure Approach [J]. Omega, 2010, 38 (3-4): 17-24.

式中，$X^k=(x^1,\ \cdots,\ x^k)$，$Y^k=(y^1,\ \cdots,\ y^k)$；s^{k-} 表示投入指标的松弛变量，s^{k+} 表示产出不足。关于连接变量的约束条件，Tone 提供了自由和固定两种选择，本书选择自由链接，即认为链接活动是自由决定的，同时保持投入和产出之间的连续性：

$$Z^{(k,\ h)}\lambda^h=Z^{(k,\ h)}\lambda^k,\ \ \forall k,\ h \tag{3-4}$$

其中，$Z^{(k,\ h)}=(z_1^{(k,\ h)},\ \cdots,\ z_n^{(k,\ h)})$。

选择非径向效率测算网络 SBM 效率，表达式为：

$$\rho^*=\min\frac{\sum_{k=1}^{K}W^k\left[1-\frac{1}{m_k}\left(\sum_{i=1}^{m_k}\frac{s_j^{k-}}{x_{i0}^k}\right)\right]}{\sum_{k=1}^{K}W^k\left[1+\frac{1}{r_k}\left(\sum_{i=1}^{r_k}\frac{s_j^{k+}}{y_{i0}^k}\right)\right]} \tag{3-5}$$

式中，$\sum_{k=1}^{K}W^k=1$，$W^k\geqslant 0$，W^k 为第 k 阶段权重，考虑到第一阶段和第二阶段同等重要，因此各阶段的权重设定相同，均取 0.5。

根据 Tone（2009）的定义，非径向的分工效率测算公式如下：

$$\rho^k=\frac{1-\frac{1}{m_k}\left(\sum_{i=1}^{m_k}\frac{s_j^{k-*}}{x_{i0}^k}\right)}{1+\frac{1}{r_k}\left(\sum_{i=1}^{r_k}\frac{s_j^{k+*}}{y_{i0}^k}\right)} \tag{3-6}$$

式（3-6）中，s^{k-*} 表示投入指标的松弛变量的最优值；s^{k+*} 表示产出不足的最优值。

由于式（3-5）是非线性规划，不易直接求解，参考相关文献，转化为以下线性规划求解：

$$\begin{gathered}\mathrm{Min}\tau=t-\sum_{k=1}^{K}W^k\left(\frac{1}{m_k}\sum_{j=1}^{m_k}\frac{S_j^{k-}}{x_{j0}}\right)\\ s.t.\ 1=t+\sum_{k=1}^{K}W^k\left[\frac{1}{r_k}\left(\sum_{j=1}^{r_k}\frac{S_j^{k+}}{y_{j0}^k}\right)\right]\end{gathered} \tag{3-7}$$

$$tx_{j0}=\sum_{j=1}^{m_k}\gamma_j x_j+S_j^{k-},\ ty_{j0}^k=\sum_{j=1}^{r_k}\gamma_j y_j^k-S_j^{k+},\ \gamma_j\geqslant 0,\ S_j^{k-}\geqslant 0,\ S_j^{k+}\geqslant 0$$

式中，τ 为效率值，等于 ρ_0^*；$\gamma_j=t\lambda_j$；$S_j^{k-}=t\,s_j^{k-}$；$S_j^{k+}=t\,s_j^{k+}$。

需要说明的是，农业生态资本运营效率是比值数据，没有单位。当且仅当第一阶段的效率值和第二阶段的效率值均大于或等于 1 时，决策单元视为 DEA 相对有效；当综合效率值和其中一个阶段效率大于或等于 1 时，决策单元视为弱 DEA 有效。否则，视为 DEA 无效。

（三）GML 指数

为了进一步分析长江经济带省域农业生态资本运营效率的动态变化，参考 Oh①（2010）提出的 Global Malmquist Luenberger（GML）指数测算方法，将整个时段内时期总数设为 T（2000—2018 年，共计 19 年），利用各省市第 t 期的投入和产出值，构造生产可行集 $P^t(x^t)=\{(y^t,\ b^t):\ x^t \text{生产}(y^t,\ b^t)\}$，$t=1,\ 2,\ \cdots T$。设全局生产可能性集合为 $P^G(x)=P^1(x^1)\cup P^2(x^2)\cdots\cup P^T(x^T)$，GML 指数的一般计算公式可定义为：

$$GML_k^{t,\ t+1}(x^t,\ y^t,\ b^t,\ x^{t+1},\ b^{t+1})=\frac{1+D^G(x^t,\ y^t,\ b^t)}{1+D^G(x^{t+1},\ y^{t+1},\ b^{t+1})} \tag{3-8}$$

$$EC_k^{t,\ t+1}(x^t,\ y^t,\ b^t,\ x^{t+1},\ y^{t+1},\ b^{t+1})=\frac{1+D^t(x^t,\ y^t,\ b^t)}{1+D^{t+1}(x^{t+1},\ y^{t+1},\ b^{t+1})} \tag{3-9}$$

$$BPC_k^{t,\ t+1}(x^t,\ y^t,\ b^t,\ x^{t+1},\ y^{t+1},\ b^{t+1})=\frac{1+D^G(x^t,\ y^t,\ b^t)}{1+D^{t+1}(x^{t+1},\ y^{t+1},\ b^{1+t})}\times\frac{1+D^{t+1}(x^{t+1},\ y^{t+1},\ b^{t+1})}{1+D^t(x^t,\ y^t,\ b^t)} \tag{3-10}$$

上式中，$D^t(x^t,\ y^t,\ b^t)$ 和 $D^G(x^t,\ y^t,\ b^t)$ 是当期和全局的方向性距离函数，表示既定时期各省市农业生态资本运营与最优生产前沿的距离，体现了静态的农业生态资本运营效率。利用式（3-7）所示的 SBM-DEA 模型求解，生产可行集的期限不再局限于同一年。

进一步地，构建 GML 指数测算 9 省 2 市农业生态资本运营效率的年际变化，测算任意两个时期省际农业生态资本运营效率与最优生产前沿的相对距离变化（农业生态资本转化效率变化），同时也能反映生态资本边界的总体移动（技术进步），从而反映农业生态资本运营效率的动态变化情况，并剖析这种变化的动力来源②。

与网络 SBM-DEA 模型一致，本书将各省市作为一个决策单元（DMU），积累阶段的要素投入包括土地投入、灌溉投入、化学化投入和机械化投入等，用 x 表示。期望产出 y 为各省市粮食产量；非期望产出 b 为农业碳排放量。转化阶段的要素投入 x 包括产业化投入、人力资本投入、财政投入和治理投入；期望产出 y 为农业总产值、农村人均可支配收入和农业净碳汇量，另外，本阶段不存在非期望产出。

其中，GML 指数大于 1，表明考察年度内农业生态资本运营效率值在增加，等于 1 则表示保持不变，小于 1 则表示下降。另外，GML 指数可以进一步分解为测度农业技术效率

① Oh D. A global Malmquist-Luenberger Productivity Index [J]. Journal of Productivity Analysis, 2010, 34 (3): 183-197.

② 王凯风，吴超林．绿色效率视角下环境库兹涅茨曲线的再检验——基于 285 个中国城市的面板数据与 GML 指数 [J]. 管理现代化，2017，6（18）：64-68.

变化的 EC 指数和测度农业技术进步变化的 BPC 指数的乘积，EC 指数和 BPC 指数的定义如下：类似地，EC 指数大于 1，表明考察年度内农业生态资本运营效率的技术效率部分在上升，等于 1 则表示保持不变，小于 1 则表示下降；BPC 指数大于 1，表明考察年度内技术进步部分在上升，等于 1 则表示保持不变，小于 1 则表示下降。

二、评价指标处理方法

利用 DEA 测算效率时，投入产出指标不宜过多，本书借助熵值法对农业碳排放量等进行处理（王宝义和张卫国，2018）。熵值法是基于原始数据的提取，客观地为指标赋权，通过评价指标之间的信息关联可以减少主观因素的影响。假设 X_{ij} 为第 i 个 DMU 第 j 项评价指标，其基本原理如下所示（王兆华等，2013）。

第一步，对指标原始数据进行标准化。

$$x_{ij}=\frac{x_{ij}-\min(X_j)}{\max(X_j)-\min(X_j)} \tag{3-11}$$

其中，x_{ij} 代表第 i 个 DMU 第 j 项指标的标准化数据，$\max(X_j)$、$\min(X_j)$ 表示第 j 项指标的最大、最小值。

第二步，计算指标权重 y_{ij}。$y_{ij}=x_{ij}/\sum_{i=1}^{m}x_{ij}$，$y_{ij}$ 代表第 i 个 DMU 第 j 项指标的权重，m 表示 DMU 的数量。

第三步，计算熵值 e_j 与差异性系数 f_i。由公式 $e_j=-\frac{1}{Inm}\sum_{i=1}^{m}y_{ij}\ln y_{ij}$、$f_i=1-e_j(0\leqslant f_i\leqslant 1)$

第四步，计算综合指数 Z_i。通过 $w_j=f_j/\sum_{j=1}^{n}f_j$ 来确定 x_j 的权重，计算 $Z_i=\sum_{j=1}^{n}w_j y_{ij}$ 得出农业碳排放量的综合指数。

第二节　农业生态资本运营效率运营评价指标体系构建及数据来源

一、评价指标体系构建

本书将农业生态资本运营效率分为积累效率和转化效率两个阶段，在不同阶段投入产出的变量也不尽相同。第一个阶段，农业生态产品的积累阶段，主要是自然资本的积累和人工积累。自然资本的积累包括土地投入和灌溉投入；人工积累包括化学化和机械化的投入等。在这一阶段是以农产品的培育和成熟为主，进行农产品的获取，此阶段的产出是以粮食产量表现出来的，同时考虑到在农业生产过程中碳排放对积累和转化阶段的影响，需将非期望产出考虑在两个阶段内。第二个阶段，农业生态资本的转化阶段。此阶段是整个运营过程的重要环节，是将农业生态积累过程中的“产品化”投入进行二次开发利用，向“市场化”转化从而获得价值增值的过程。第二阶段的产出包括农业总产值和农业碳汇量。连接这两个阶段的中间指标是第一阶段的产出，且两个阶段的权重值相同。如图 3-1 所示。

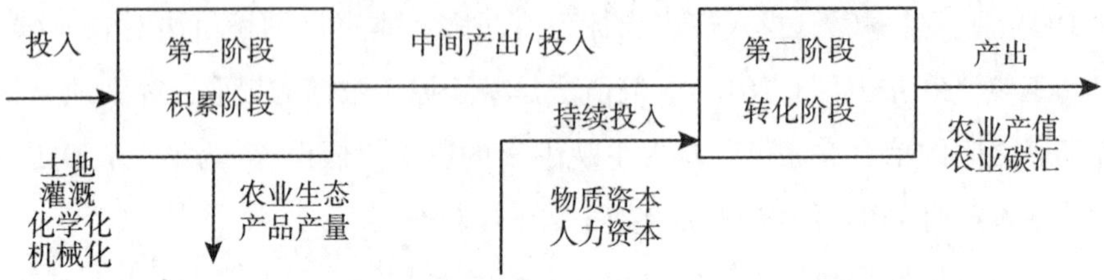

图 3-1　考虑非期望产出的两阶段农业生态资本运营系统网络结构

（一）第一阶段：农业生态资本积累

农业生态资本积累是农业生态资本运营的基础和前提，保持农业生态资本存量非减性原则是农业生态资本运营的第一法则。农业生态资本积累途径可分为自然积累与人工积累，如果以 V_c 代表农业生态资本的消费，V_n 表示农业生态资本的自然积累，V_h 表示农业生态资本的人为积累，在社会主义生态文明观的指引下，保持 $V_n + V_h - V_c > 0$ 是新时期各省市农业生态资本运营的基本原则。该二级指标由自然积累、人工积累三级指标构成。其中，农作物播种面积和有效灌溉面积反映了农业生态资本自然积累能力，化学、农药、农膜使用量反映了化学化的积累，农用柴油使用量和农业机械使用量反映了机械化的积累，这两部分构成了农业生态资本人工积累能力。

（二）第二阶段：农业生态资本转化

农业生态资本转化是农业生态资本运营的核心与关键①，是农业生态资本由“使用价值—生产要素价值—市场化价值”实现的动态过程。农业生态资本转化阶段的投入包括第一阶段得到的农产品产量及农产品的生产培育过程中的碳排放量，以及财政、治理、产业化和人力资本等方面的投入。财政投入和治理投入反映了农业生产和农村发展方式的绿色化，通过资本投入、利益补偿、生态治理等手段减少农业生产对环境的负向作用，促进农

① 梅怡明，严立冬，邓远建，胡文峰．中国省域生态资本运营水平综合评价与空间差异分析［J］．中国地质大学学报（社会科学版），2019，19（6）：61-72.

业生态产品运营的专业化、标准化、规模化和集约化，提升农业产品的品质。其中，在财政投入方面所选指标为农林水事务支出，单位为万元，数据来源于《中国统计年鉴》。治理投入用农业污染治理投资额表示，具体公式为：各省市农业污染治理投资额=各省市农林牧渔总产值/各省市 GDP×各省市环境治理投资总额，其中，环境治理投资总额（亿元）数据来源于《中国环境统计年鉴》①。在产业化投入方面，通过生态基础工程建设、生态技术开发应用、清洁能源的推广，可降低农业生态资源的消耗速率。其中，农业产业化经营项目投入数据来源于《中国农村综合开发年鉴》和《中国农村统计年鉴》。人力资本投入采用农林牧渔从业人数（万人）和农村居民年均受教育年限表示。本书参照贺志亮、刘成玉的核算方法②，用乡村人口平均受教育年限（年）表示农村居民年均受教育年限，数据来源于历年《中国人口就业年鉴》的抽样统计。

因此，本书根据前文对农业生态资本运营的分析，总结并参考前人的工作建立农业生态资本运营效率的投入产出指标评价体系。指标体系构建遵循系统性、科学性、目标性、可操作性和可扩展性原则。在指标选取方面，我们既要考虑农业生态资本积累过程中生产资料的投入情况，又要考虑农业生产的经济产出以及由于过度的生产投入而产生的非期望产出。本书选取长江经济带 11 个省（市）为研究对象，时间跨度为 2000—2018 年，通过文献收集，最终在积累阶段选取 7 项投入指标、2 项农业产出指标，其中产出指标包括 1 项期望产出指标和 1 项非期望产出指标。在转化阶段，投入指标 6 项，产出指标 3 项。具体的投入指标、中间指标和产出指标的汇总，见表 3-1。

表 3-1　**农业生态资本运营效率两阶段评价指标体系**

阶段	项目	一级指标	二级指标	三级指标
第一阶段	投入指标	自然积累	土地投入	农作物播种面积
			灌溉投入	有效灌溉面积
		人工积累	化学化投入	化肥施用量
				农药使用量
			机械化投入	农业机械总动力
	产出指标	合意产出	农业生态产品产量	粮食产出
		非期望产出	碳排放	农业碳排放量

① 洪开荣，陈诚，丰超，等．农业生态效率的时空差异及影响因素［J］．华南农业大学学报，2016，2（15）：31-41.

② 贺志亮，刘成玉．我国农业生产效率及效率影响因素研究——基于三阶段 DEA 模型的实证分析［J］．农村经济，2015，（6）：48 -51.

续表

阶段	项目	一级指标	二级指标	三级指标
中间变量		非期望产出	碳排放	农业碳排放量
第二阶段	投入指标	物质资本投入	财政投入	农林水事务支出
			治理投入	农业污染治理投融资额
			产业化投入	农业产业化经营项目投入
		人力资本投入	农业生产领域的教育支出	农村人均受教育年限
	产出指标	合意产出	农业产值	农业总产值
			农业碳汇	农业净碳汇量

二、数据来源与变量描述性统计

本书研究对象为长江经济带 9 省 2 市，研究区间为 2000—2018 年。按照流域及空间邻近、经济发展水平相似的标准①，将长江经济带大致划分为：①上游地区：包括三省一市，分别为四川、贵州、云南、重庆；②中游地区：包括四个省，分别是湖北、湖南、江西、安徽；③下游地区：包括二省一市，分别为江苏、浙江、上海②。以上数据指标来源于 2001—2019 年对应的《中国农村统计年鉴》《中国统计年鉴》及各省市统计年鉴。依据式（3-2）与相关统计年鉴，计算得到 2000—2018 年长江经济带各省份农业生态资本运营效率指标投入产出平均值及数据描述性统计，见表 3-2 、表 3-3、表 3-4。

表 3-2　　**2000—2018 年长江经济带各省份农业生态资本运营效率投入指标**

省/市	农作物播种面积/千公顷	有效灌溉面积/千公顷	化肥施用量/万吨	农药施用量/万吨	农业机械总动力/万千瓦	农林水事务支出/亿元	农业污染治理投资额/亿元	农业产业化经营项目投入/万元	农林牧渔从业人数/万人
上海	390. 43	220. 25	13. 17	0. 68	111. 43	0. 04	0. 90	11687. 23	54. 11
江苏	7652. 21	3896. 30	330. 56	8. 72	3845. 28	0. 05	1. 16	47001. 29	1021. 79
浙江	2578. 74	1428. 78	90. 22	6. 10	2234. 57	0. 07	1. 19	58177. 25	684. 02
安徽	8974. 99	3708. 03	306. 70	9. 96	5003. 20	0. 07	1. 34	38845. 88	1599. 79

① 张雅杰，刘辉智．长江经济带城镇化与生态环境耦合协调关系的时空分析［J］. 水土保持通报，2017，37（6）：334-340.

② 江孝君，杨青山，耿清格，等．长江经济带生态—经济—社会系统协调发展时空分异及驱动机制［J］. 长江流域资源与环境，2019，28（3）：493-504.

续表

省/市	农作物播种面积/千公顷	有效灌溉面积/千公顷	化肥施用量/万吨	农药施用量/万吨	农业机械总动力/万千瓦	农林水事务支出/亿元	农业污染治理投资额/亿元	农业产业化经营项目投入/万元	农林牧渔从业人数/万人
江西	5432. 34	1913. 40	130. 27	8. 38	2468. 88	0. 06	1. 11	51114. 58	885. 19
湖北	7643. 02	2411. 23	309. 69	12. 22	2996. 15	0. 06	0. 98	66692. 41	926. 38
湖南	8149. 77	2834. 41	223. 50	11. 10	4292. 73	0. 05	0. 73	69327. 43	1912. 03
重庆	3429. 79	661. 45	86. 83	1. 93	989. 93	0. 04	1. 57	26902. 84	671. 84
四川	9553. 54	2605. 76	234. 99	5. 82	3033. 24	0. 06	0. 93	58481. 37	2234. 72
贵州	5006. 37	913. 30	86. 50	1. 17	1564. 59	0. 07	0. 91	20947. 25	1228. 08
云南	6419. 72	1598. 40	177. 47	4. 25	2304. 28	0. 07	0. 95	35022. 09	1683. 30

数据来源：以上数据根据统计年鉴整理进行算术平均得到。

表 3-3　**2000—2018 年长江经济带各省份农业生态资本运营效率中间变量与产出指标**

省/市	粮食产量（万吨）	农业碳排放量（万吨）	农业总产值（亿元）	农业净碳汇量（万吨）
上海	117. 99	46. 02	132. 95	96. 91
江苏	3209. 06	688. 92	2277. 53	3054. 73
浙江	793. 18	334. 67	998. 31	710. 94
安徽	2971. 48	691. 98	1433. 87	3132. 36
江西	1925. 99	369. 02	856. 34	1720. 67
湖北	2367. 78	645. 40	1780. 06	2433. 55
湖南	2828. 30	572. 50	1774. 30	2643. 40
重庆	1100. 46	223. 65	643. 59	926. 44
四川	3240. 97	622. 84	2091. 58	3116. 84
贵州	1124. 23	265. 82	832. 09	1032. 96
云南	1626. 59	465. 66	1096. 56	2910. 59

数据来源：以上数据根据统计年鉴整理进行算术平均得到。

表 3-4　**2000—2018 年长江经济带农业生态资本运营效率评价指标样本数据描述性统计**

指标变量	最大值	最小值	平均值	标准差
农作物播种面积（千公顷）	6147. 48	5587. 29	5930. 08	153. 11
有效灌溉面积（千公顷）	2285. 21	1871. 91	2017. 39	146. 45

续表

指标变量	最大值	最小值	平均值	标准差
化肥施用量（万吨）	198.14	154.72	180.90	14.64
农药施用量（万吨）	7.15	5.39	6.39	0.60
农业机械总动力（万千瓦）	3465.61	1522.36	2622.21	713.41
粮食产量（万吨）	2193.30	1646.31	1936.91	146.93
农业碳排放量（万吨）	484.88	403.75	447.86	29.34
农林水事务支出（亿元）	0.08	0.04	0.06	0.01
农业污染治理投融资额（亿元）	1.32	0.84	1.07	0.15
农业产业化经营项目投入（万元）	73119.56	12902.76	44018.15	15920.49
农林牧渔业从业人数（万人）	1416.88	976.65	1172.84	142.07
农业总产值（亿元）	2529.35	522.22	1265.20	648.82
农业净碳汇（万吨）	2231.36	1660.85	1979.95	182.72

根据以上列表中的统计结果，可以得出以下三点结论。

①从投入角度来看，长江经济带各省份在自然积累、人工积累、物质资本和人力资本等要素投入方面存在区域差异。2000—2018年，长江经济带全域的农作物播种面积、有效灌溉面积、化肥施用量、农药施用量、农业机械总动力、农林水事务支出、农业污染治理投资额、农业产业化经营项目投入和农业从业人数等指标的比值分别为1.10、1.22、1.28、1.33、2.28、2.14、1.57、5.67和1.45。11个省市内部之间各投入要素差距较大。

a. 在自然资本积累方面，上海市无论是在农作物播种面积还是在有效灌溉面积方面都处于11省市的末位，仅为390.43千公顷和220.25千公顷。在农作物播种面积和有效灌溉面积两个指标上，江苏省在下游省市中处于前列，特别是有效灌溉面积，居于11省市之首，达到3896.30千公顷；中游四省中，安徽、湖北、湖南三省均超过了农作物播种面积5930.08千公顷和有效灌溉面积2017.39千公顷的均值；在下游省市中，四川省的农作物播种面积达9553.54千公顷，位于长江经济带之首，有效灌溉面积为2605.76千公顷，位于均值以上，其余省份中仅云南省农作物播种面积（6419.72千公顷）高于平均值，其余省份均低于平均值。

b. 在人工积累方面，上海市在化肥施用量、农药施用量和农业机械总动力方面均为最低值，这与上海市农业资源禀赋不足、经济首位度较高的事实是相符的。从区域分布来看，长江中游四省在这三个指标值上的表现均高于下游和上游地区，一方面说明中游地区的农业区位条件较为优越，适合农业规模化经营；另一方面，化肥、农药施用量超平均值，也说明这一区域石油农业倚靠比例较重，不利于绿色农业的发展与提升。

c. 在物质资本和人力资本方面，各省市在农林水事务支出指标上增减变化较小，处于0.04~0.07。其中，高于全流域平均值0.06的省份有浙江省、安徽省、江西省、湖北省、四川省、贵州省和云南省，共计7个。农业污染治理指标的均值为1.07亿元，重庆市投入最高，为1.57亿元，湖南省最低，为0.73亿元。其余高于均值指标的省份为江苏（1.16亿元）、浙江（1.19亿元）、安徽（1.34亿元）、江西（1.11亿元）等，从空间分布上看，多集中于长江经济带中下游地区。农业产业化经营项目均值为44018.15万元，江苏、浙江、江西、湖北、湖南、四川省处于均值以上水平，其余省市离均值仍有差距。农业从业人员均值为1172.84万人，其中，安徽（1599.79万人）、湖南（1912.03万人）、四川（2234.72万人）、贵州（1228.08万人）和云南（1693.30万人）超过均值以上，以上省份处于长江经济带中游和上游地区，农业在三产中的比重较大。从三大流域农业生态资本投入要素的使用量来说，总体上中游地区>上游地区>下游地区，各省份在要素投入方面存在较大差异。

②从期望产出角度看，长江经济带各省份内部农业经济发展水平与粮食总产量之间差距明显。2000—2018年，长江经济带近20年的农业总产值标准差为648.82亿元，有5个省份的农业总产值平均值高于长江经济带整体水平1265.20亿元，分别为江苏省（2277.53亿元）、安徽省（1433.87亿元）、湖北省（1780.06亿元）、湖南省（1774.30亿元）及四川省（2091.58亿元），其中农业总产值最大值为江苏省，为2277.53亿元，最小值为上海市，为132.95亿元，前者是后者的17.13倍。从农业净碳汇量来看，均值为1979.95万吨，超过均值的省份有江苏省（3054.73万吨）、安徽省（3132.36万吨）、湖北省（2433.55万吨）、湖南省（2643.40万吨）、四川省（3116.84万吨）和云南省（2910.59万吨）。

③从非期望产出角度看，长江经济带大部分省份的碳排放量保持在平均值水平（447.86万吨），仅上海市（46.02万吨）、浙江省（334.67万吨）、江西省（369.02万吨）、重庆市（223.65万吨）和贵州省（265.82万吨）共计5省市低于平均排放量，其他省市均高于均值。从三大区域来看，中游区域（2278.9万吨）>上游区域（1577.97万吨）>下游区域（1069.61万吨）。总体而言，中上游大多数省份碳排放处于平均值以上，三大区域碳排放均值差异显著。

第三节 农业生态资本运营效率评价及区域差异分析

一、长江经济带网络 SBM-DEA 模型结果分析

（一）整体网络效率特征分析

根据前述研究方法和数据，本书运用 MaxDEA Ultra 8.0 软件，采用两阶段考虑非合意产出的网络 SBM 模型对 2000—2018 年 19 年间长江经济带省域农业生态资本运营效率进行测度，具体结果及分析如表 3-5、图 3-2 所示。

表 3-5 **2000—2018 年长江经济带 11 省市农业生态资本运营网络效率综合水平值**

年份	上海	江苏	浙江	安徽	江西	湖北	湖南	重庆	四川	贵州	云南	长江经济带均值
2000	0.4224	0.6122	0.4670	0.5466	0.5964	0.5458	0.6947	0.6119	0.7428	0.6664	0.9348	0.6219
2001	0.3915	0.5980	0.4394	0.5530	0.5985	0.5427	0.6923	0.5528	0.6491	0.6342	0.9494	0.6001
2002	0.3831	0.5800	0.4007	0.5905	0.5728	0.5020	0.6352	0.6000	0.7078	0.5905	1.0000	0.5966
2003	0.4195	0.5209	0.3972	0.4839	0.5815	0.5124	0.6269	0.6309	0.7087	0.6203	0.9750	0.5888
2004	0.4873	0.6200	0.4266	0.6166	0.6008	0.5646	0.6453	0.6470	0.7287	0.6479	0.9522	0.6306
2005	0.4834	0.5967	0.4308	0.5686	0.6099	0.5667	0.6393	0.6571	0.7282	0.6313	0.8450	0.6143
2006	0.5075	0.6346	0.4619	0.6182	0.6382	0.5816	0.6515	0.5191	0.6429	0.6085	0.9227	0.6170
2007	0.5075	0.6589	0.4606	0.6319	0.6568	0.5845	0.6723	0.6282	0.6873	0.6155	0.8673	0.6337
2008	0.5404	0.6762	0.5110	0.6575	0.6760	0.5827	0.7056	0.6575	0.7304	0.6106	0.9774	0.6659
2009	0.5930	0.6848	0.5303	0.6658	0.6925	0.5931	0.7184	0.6342	0.7385	0.6054	0.9340	0.6718
2010	0.6043	0.7031	0.5820	0.6665	0.6644	0.6011	0.7317	0.6571	0.7594	0.5844	0.8728	0.6752
2011	0.6392	0.7357	0.6240	0.6793	0.7151	0.6504	0.7677	0.6523	0.7819	0.4842	0.9355	0.6969
2012	0.6861	0.7705	0.6557	0.7079	0.7261	0.6835	0.7833	0.6692	0.7959	0.6120	0.9703	0.7328
2013	0.6824	0.7928	0.6924	0.7068	0.7408	0.7181	0.7703	0.6799	0.8179	0.6405	0.9937	0.7487
2014	0.7000	0.8164	0.7144	0.7351	0.7569	0.7303	0.7849	0.6892	0.8303	0.7502	0.9813	0.7717
2015	0.6789	0.8530	0.7347	0.7613	0.7759	0.7439	0.8081	0.7072	0.8596	0.9010	0.9413	0.7968
2016	0.6326	0.8300	0.7643	0.7436	0.7850	0.7229	0.7523	0.7652	0.8931	0.9111	0.9151	0.7923
2017	0.6680	0.8749	0.8055	0.8493	0.8321	0.7731	0.7842	0.7758	0.9573	0.9996	0.8866	0.8370
2018	0.5462	0.9200	1.0000	0.8839	0.8861	0.8613	0.8250	0.8681	1.0000	1.0000	0.9871	0.8889
均值	0.5565	0.7094	0.5841	0.6666	0.6898	0.6348	0.7205	0.6633	0.7768	0.6902	0.9390	

数据来源：通过 MaxDEA 8.0 软件计算得到。

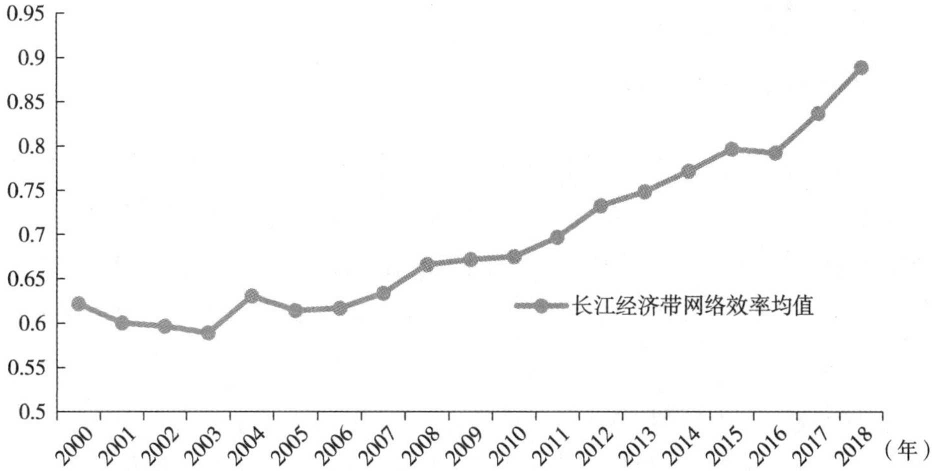

图 3-2 2000—2018 年长江经济带农业生态资本运营网络效率综合水平值

根据表中统计数据可知，近 20 年，长江经济带 9 省 2 市的农业生态资本运营网络效率水平不高，整体平均值为 0.6937，小于 1，表明并未实现 DEA 有效，但从时间演进角度来看，整体网络效率水平呈逐年上升趋势。具体可分为以下两个阶段。

第一阶段（2000—2008 年）。此阶段农业生态资本运营网络效率值波动较大，期初均值为 0.6219，2003 年一度跌至 0.5888，期末达到最大值 0.6659。波动的可能原因在于，从 2000 年开始，我国进入农业和农村经济发展新阶段，推进农业和农村经济结构战略性调整，增加农民收入成为这一时期的主要目标。随着政府对农业关注程度的增加和农村基础设施投资建设的力度增大，大量化肥、农药、机械等投入生产，在粮食产量逐年递增的过程中，农业生态资本运营效率持续下降。自 2004 年开始，国家开始重视农业生态环境相关问题，并在 3 月专门召开“中央人口资源环境工作座谈会”，探讨以人为本，全面、协调、可持续的发展观。同年，国家发布 21 世纪第一个关于“三农”的“中央一号”文件，持续关注农民增收问题，至此“中央一号”文件重新锁定“三农”问题。2006 年，国家全面取消了农业税，提出把中部地区建设成全国重要的粮食生产基地，以长江经济带中游湖北、湖南、江西等农业大省为主的地区，其农业发展的利好再次被激发。

第二阶段（2009—2018 年）。2008 年以后，长江经济带的农业生态资本运营网络效率值持续递增，平均值从 2009 年的 0.6718 增长到 2018 年的 0.8889，年平均增长率为 2.4%。可能的原因在于：研究期内我国政府对农业发展的关注重心由农民增收、粮食数量增长逐渐向农业生产和农业生态环境治理方面倾斜。如从“十二五”开始，政府明确了对碳排放的约束指标和对资源环境不断加大治理力度。长江经济带作为我国农业和社会经济的重心之一，紧跟国家政策，不断加大碳减排力度，积极着手实施低碳农业的可持续发展，农业生态资本运营效率值在近年得到了很大提升。

（二）三大区域差异分析

为了考察长江经济带上、中、下游地区农业生态资本运营效率的差异，将长江经济带9省2市划分为上、中、下游三大区域，其中上游地区包括重庆、四川、贵州、云南；中游地区包括安徽、江西、湖北、湖南；下游地区包括上海、江苏、浙江1市2省。从整体（网络效率）和阶段（积累效率和转化效率）两个方面分析上、中、下游地区的效率差异。

从图3-3网络效率值演进趋势来看，长江经济带整体运营效率值为0.6937，网络效率值在空间分布上具有明显地域性特征：上游地区网络效率值>中游地区网络效率值>下游地区网络效率值。2000年，上、中、下游地区的网络效率值分别为0.739、0.5959、0.5005。经过十余年发展，三大地区的效率差距开始缩小，到2011年，中游地区效率值为0.7031，上游地区效率值为0.7135，两地区在数值上相差甚微。2012年开始，三地区效率值进一步缩小，特别是中游和下游地区，2013—2016年网络效率值几乎并驾齐驱。到研究期末，中游地区和下游地区的农业生态资本运营网络效率值进一步拉近，中游地区与上游地区的网络效率差距已从期初的0.1431下降到现在的0.0997。

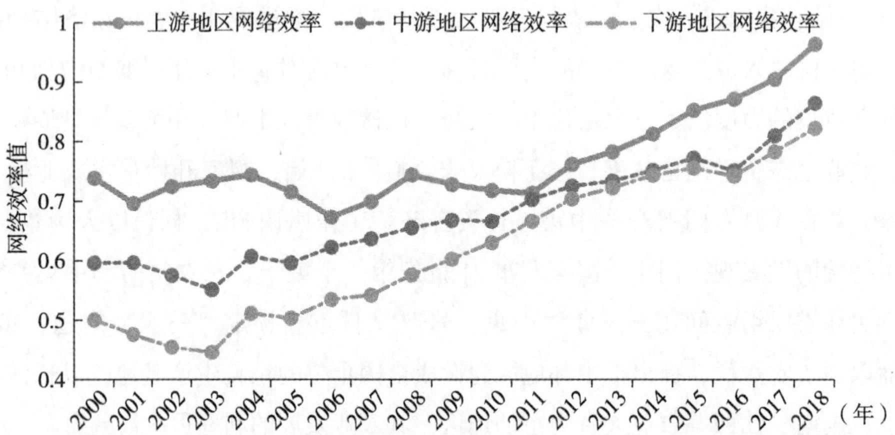

图3-3 2000—2018年长江经济带农业生态资本运营网络效率演变趋势

从图3-4积累阶段来看，中游地区积累效率最为平稳，研究期内基本处于1的水平，即在此阶段处于前沿面，稳定性强，与长江经济带中游地区农业资源禀赋好、自然地理环境适宜相关，因此在积累阶段效率高是与实际情况相符的。下游地区农业生态资本积累效率波动较大，概括起来存在两个波动时段：以 2012 年为节点，可以发现后一个阶段的积累效率要好于前一阶段。下游地区积累效率不足，与下游地区的经济发展与产业结构有关，农业在这一地区的占比非常小，在上海甚至是个位数，农产品产出不足，波动较大也是可以解释的。上游地区积累效率除 2006—2010 年出现波动趋势以外，其余年份均较为平稳。

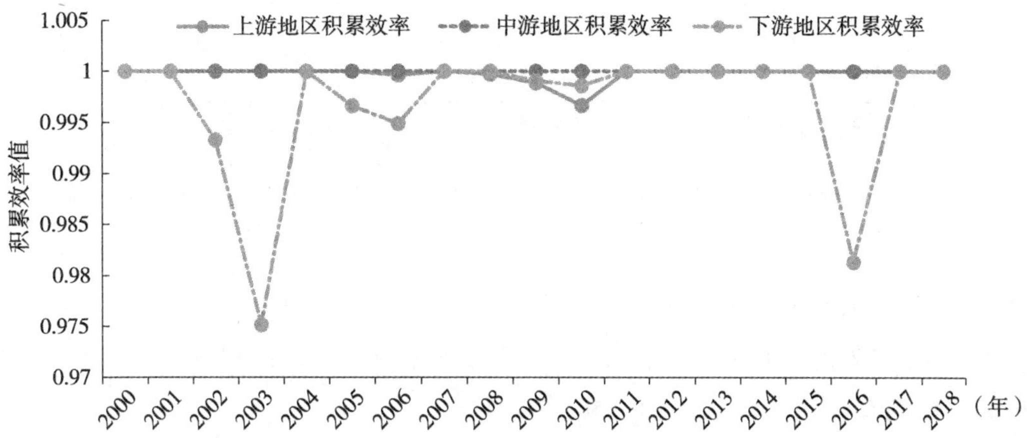

图 3-4　2000—2018 年长江经济带农业生态资本积累效率演变趋势

从图 3-5 转化效率来看，上游地区 > 中游地区 > 下游地区，但三区域的差距正逐年缩短。在 2012 年以前，转化效率波动趋势较为明显，由期初的 0. 7389 下降到 2006 年的 0. 6736，此后转化效率值又经历了一次反弹后进入下降区域，直到 2011 年后持续上升的状态才得以恢复。中游地区在研究期内转化效率一路攀升，到 2018 年时效率值已达到 0. 8641。下游地区虽然在研究期初转化率一度达到过最低值 0. 457，但自 2005 年后，转化效率年增长速度达到 1. 1%，特别是从 2013 年开始，转化效率与中游地区平均值不相上下，甚至在 2016 年，下游地区转化效率值超过了中游地区的 0. 751，达到了 0. 757。可能的原因在于：随着地区经济发展差距的不断缩小，并不是所有经济发达地区的农业生产都将加剧萎缩，对于自然地理条件适宜、人均耕地资源丰富的发达地区，农业生态产品转化受先进农业改良理念的影响反而优于中上游地区，形成了后程发力的状态。

（三）各省市间差异分析

从表 3-6 中可以直观地看出 2000—2018 年长江经济带各省市的农业生态资本运营效率差异。农业生态资本运营网络效率值从大到小排列依次是：云南、四川、湖南、江苏、贵州、江西、安徽、重庆、湖北、浙江和上海。从阶段效率值来看，9 省 2 市在积累阶段的

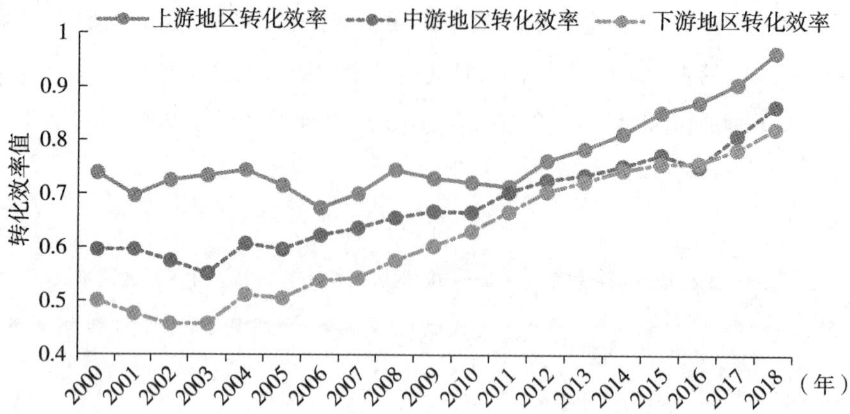

图 3-5 2000—2018 年长江经济带上、中、下游农业生态资本转化效率演化趋势

效率值明显大于转化阶段的效率值。在积累阶段，除上海、江苏、浙江、云南等省市以外，其余省市均处于前沿面（效率值等于 1）；在转化阶段，云南省的转化率最高，为 0.9400，上海市的转化率最低，为 0.5582。

表 3-6 **2000—2018 年长江经济带农业生态资本运营效率的平均值统计**

省（市）	网络	积累阶段	转化阶段
上海	0.5565	0.9961	0.5582
江苏	0.7094	0.9995	0.7097
浙江	0.5841	0.9948	0.5876
安徽	0.6666	1	0.6666
江西	0.6898	1	0.6898
湖北	0.6348	1	0.6348
湖南	0.7205	1	0.7205
重庆	0.6633	1	0.6633
四川	0.7768	1	0.7768
贵州	0.6902	1	0.6902
云南	0.9390	0.9989	0.9400
上游平均	0.7673	0.9997	0.7676
中游平均	0.6779	1.0000	0.6779

续表

省（市）	网络	积累阶段	转化阶段
下游平均	0.6167	0.9968	0.6185
长江 经济带平均	0.6873	0.9988	0.6880

数据来源：通过 MaxDEA 8.0 软件计算整理得到。

总体来看，近 20 年来长江经济带各省市网络效率值介于积累效率值和转化效率值中间，其中低于长江经济带平均网络效率值 0.6873 的省市有上海、浙江、安徽、湖北和重庆。研究期内，各省市在积累阶段的效率普遍高于转化阶段的效率，其可能的原因在于：长江经济带沿线各省份的农业资源禀赋不同，上游、中游地区分布着四川、重庆、湖北、湖南等省份，是我国重要的农业大省，位于平原或盆地地区，优越的地理位置和丰富的水土资源条件无疑为农作物的生长提供了良好的环境。此外，在农业政策的扶持力度上，自 2004 年以来，国家开始逐步实施取消农业税的政策，并首次出台指导农业农村工作的“中央一号”文件，到 2006 年，我国全面取消了农业税，农民的生产积极性大大提高，促进了对土壤、农业设施和农业耕作技术的改进，因此积累阶段的效率也在无形中得到了提高。

二、GML 指数的结果分析

本书除了对长江经济带 9 省 2 市 2000—2018 年的农业生态资本运营效率做横向上的静态效率分析以外，还借助 MaxDEA 8.0 软件对研究期内各省市的农业生态资本运营效率投入产出数据进行 TPF 测算与分解，将 2000—2018 年分为 2000—2001 年、2001—2002 年、2002—2003 年……2017—2018 年，共计 18 个阶段，对长江经济带各省市及区域农业生态资本运营效率 GML 指数进行动态效率测度，并利用几何平均值统计变化状态。具体结果见表 3-7。

表 3-7 **2000—2018 年长江经济带各省市农业生态资本运营 GML 指数及其分解（几何平均值）**

省（市）	GML	EC	BPC
上海	1.0371	0.9922	1.0452
江苏	1.1538	1.0970	1.0518

续表

省（市）	GML	EC	BPC
浙江	1.0842	1.0119	1.0714
安徽	1.0364	0.9999	1.0365
江西	1.0418	1.0091	1.0325
湖北	1.0793	1.0216	1.0565
湖南	1.0328	0.9862	1.0473
重庆	1.0814	1.0313	1.0485
四川	1.0500	0.9986	1.0515
贵州	1.0464	0.9842	1.0632
云南	0.9999	0.9954	1.0045
整体	1.0585	1.0116	1.0463

数据来源：通过 MaxDEA 8.0 软件计算整理得到。

从表3-7可以看出：①2000—2018年，长江经济带各省市农业生态资本全要素生产率除云南以外，其余省市GML指数值均大于1，表明近20年来，这10省市的农业生态资本运营效率均有不同程度的增长。从整体趋势来看，GML指数几何平均值为1.0585，说明在研究期内长江经济带全域全要素生产率年均增长5.85%。②从GML的分解指数来看，EC（农业生态资本技术效率变化指数）和BPC（农业生态资本技术进步变化指数）的几何平均值分别为1.0116和1.0463，说明在研究期内，全域农业生态资本技术效率和技术进步均呈上升趋势，年均增长率分别为1.16%和4.63%，这表明技术效率变化和技术进步对推动农业生态资本运营效率的提高有促进作用，同时技术进步在推动农业生态资本运营效率提高中的优势较为明显。③分省市来看，有半数省市关于技术变化的EC值小于1，但是关于技术进步的BPC值均大于1。其中，技术效率和技术进步的指数均大于1的省份有江苏、浙江、江西、湖北、重庆，共计5省市，这些省市恰是长江经济带重要的农业大省，农业资源禀赋好，地理位置优越，均位于平原或盆地地区。

进一步考察长江经济带各地区农业生态资本GML指数的差异，18个阶段各地区的GML指数，见表3-8。从表3-8可以看出：①各阶段网络、积累和转化阶段的GML指数波动较为频繁，说明与上一年度相比，各地区网络、积累和治理阶段的农业生态资本运营效率可能增加也可能减少，其中2015—2016年中游地区的转化效率和下游地区的积累效率较差；②各地区网络GML指数介于积累GML和转化GML指数之间，是因为各地区所包括的省份网络GML指数介于积累GML指数和转化GML指数之间。

表 3-8　　**长江经济带上、中、下游地区 GML 指数**

时间段（年）	2000—2001	2001—2002	2002—2003	2003—2004	2004—2005	2005—2006	2006—2007	2007—2008	2008—2009
上游地区网络	0.9362	1.0400	1.0196	1.0187	0.9692	0.9322	1.0576	1.0571	0.9807
上游地区积累	1	1	1	1	1	0.9997	1.0004	0.9997	0.9991
上游地区转化	0.9362	1.0400	1.0196	1.0187	0.9692	0.9326	1.0573	1.0574	0.9815
中游地区网络	1.0015	0.9668	0.9606	1.1097	0.9829	1.0448	1.0221	1.0290	1.0183
中游地区积累	1	1	1	1	1	1	1	1	1.0000
中游地区转化	1.0015	0.9668	0.9606	1.1097	0.9829	1.0448	1.0221	1.0290	1.0183
下游地区网络	0.9482	0.9535	0.9948	1.1419	0.9881	1.0618	1.0119	1.0668	1.0493
下游地区积累	1	0.9933	0.9816	1.0259	0.9966	0.9982	1.0052	1	0.9991
下游地区转化	0.9482	0.9602	1.0145	1.1132	0.9915	1.0637	1.0068	1.0668	1.0502
时间段（年）	2009—2010	2010—2011	2011—2012	2012—2013	2013—2014	2014—2015	2015—2016	2016—2017	2017—2018
上游地区网络	0.9911	0.9807	1.0862	1.0286	1.0469	1.0554	1.0261	1.0380	1.0693
上游地区积累	0.9978	1.0034	1	1	1	1	1	1	1
上游地区转化	0.9932	0.9771	1.0862	1.0286	1.0469	1.0554	1.0261	1.0380	1.0693
中游地区网络	0.9981	1.0567	1.0322	1.0132	1.0244	1.0272	0.9728	1.0785	1.0679
中游地区积累	1.0000	1	1	1	1	1	1	1	1
中游地区转化	0.9981	1.0567	1.0322	1.0132	1.0244	1.0272	0.9728	1.0785	1.0679
下游地区网络	1.0478	1.0587	1.0572	1.0265	1.0291	1.0144	0.9816	1.0547	1.0369
下游地区积累	0.9995	1.0014	1	1	1	1	0.9813	1.0198	1
下游地区转化	1.0483	1.0572	1.0572	1.0265	1.0291	1.0144	1.0022	1.0351	1.0369

数据来源：通过 MaxDEA 8.0 软件计算整理得到。

研究期内，长江经济带上游地区动态 GML 转化指数总体上高于中游和下游地区的原因在于：农业生态资本的转化很大程度上需要依托技术的改善和资本的运营，下游地区在经济发展速度、先进农业生产方式和运营理念上无疑优于中上游地区，这也是下游地区虽然在农业生态资本积累阶段效率不高，但是在转化阶段超越的原因。

第四章　长江经济带农业生态资本运营效率的收敛性

根据前文基于两阶段网络 SBM 模型计算得到长江经济带上、中、下游地区及各省市农业生态资本运营效率之间存在较大差异，那么这种差异随着时间的推移是否会缩小呢？是趋于收敛还是发散？整体上呈现出怎样的分布形态？本章将运用经济收敛的理论与方法，对长江经济带 2000—2018 年的农业生态资本运营效率进行 σ 收敛、绝对 β 收敛、条件 β 收敛检验以及 Kernel 密度函数估计，研究长江经济带农业生态资本运营效率的地区差距现状及其演变趋势。这将有利于更加清晰地了解农业生态资本运营效率的地区差异，从而促进各地区农业生产与生态环境的协调发展，也为把握好长江经济带省际农业生态资本运营效率的差异提供了方向。

第一节　农业生态资本运营效率收敛性研究方法

一、σ 收敛

农业生态资本运营效率 σ 收敛表示长江经济带整体及三大地区间的农业生态资本运营效率差异随时间的变化趋势，判断研究的地区随着时间推移，期初农业生态资本运营效率水平较低的地区对期初农业生态资本运营效率水平较高地区的"追赶"现象。若地区间农业生态资本运营效率存在 σ 收敛，则不同地区的农业生态资本运营效率差距将逐渐减少。利用式（4-1）对农业生态资本运营效率 σ 收敛进行衡量（王许亮和王恕立，2018）：

$$\sigma_t = \sqrt{(N\text{-}1)^{-1}\sum_{i=1}^{N}\{I_i(t) - [N^{-1}\sum_{k=1}^{N}I_i(t)]\}^2} \tag{4-1}$$

其中，$I_i(t)$ 表示第 i 个地区第 t 年的农业生态资本运营效率水平；N 表示地区的数量。若 σ 值逐年减少，则农业生态资本运营效率趋于 σ 收敛；反之，若 σ 值逐年增加，则农业生态资本运营效率趋于 σ 发散。

二、绝对 β 收敛

农业生态资本运营效率绝对 β 收敛表示长江经济带全域及三大流域地区内，农业生态资本运营效率水平较低省份的运营效率增长速度要高于农业生态资本运营水平较高省份，即要想农业生态资本运营效率水平趋最终收敛，必须保证农业发展落后的地区比先进地区有更快的增长率。

根据 Barro & Sala-I-Martin（1992）的研究，农业生态资本运营效率绝对β收敛假定长江经济带各省份具有相似的农业经济发展水平、农业种植结构、财政支农水平等，各地区的农业生态效率具有相同的稳态水平，用如下检验方程表示绝对β收敛：

$$\frac{\ln\left(\frac{I_{i,\ t+T}}{I_{i,\ t}}\right)}{T} = a + b\ln(I_{i,\ t}) + \mu_{t,\ t} \tag{4-2}$$

其中，$I_{i,\ t}$ 与 $I_{i,\ t+T}$ 分别表示第 i 个地区第 t 期和 $t+T$ 期的农业生态资本运营效率值；$\ln\left(\frac{I_{i,\ t+T}}{I_{i,\ t}}\right)/T$ 表示从第 t 期和 $t+T$ 期农业生态资本运营效率年均增长率；a 为常数项；b 为期初农业生态资本运营效率的系数；$\mu_{t,\ t}$ 为随机误差项。若 $b<0$ 并且显著，则各地区农业生态资本运营效率的增长速度与期初农业生态资本运营效率水平成反比，即存在绝对β收敛；反之，若 $b>0$ 并且显著，则不存在绝对β收敛。为了最大效用地利用样本数据，同时使计量回归的时间序列表现出连续性，令 $T=1$。

三、条件β收敛

农业生态资本运营效率条件β收敛假定长江经济带各省份农业经济发展水平、农业种植结构、财政支农水平等存在差异，即地区间农业生态效率存在不同稳态水平。因此，对长江经济带农业生态资本运营效率进行条件β收敛检验，可以判断省际的农业生态资本运营效率水平能否趋于自身的稳态水平。

通过对以往文献关于长江经济带农业生态资本运营效率进行条件β收敛检验方法的梳理，我们发现主要有两种方法。

①通过对绝对β收敛模型中加入一些控制变量，例如农民人均纯收入、农业种植结构等。若控制相关其他因素的情况下，回归系数 $b<0$ 并且通过显著性检验，则存在条件β收敛。

②采用 Miller & Upadhyay（2002）提出的 Paner Data 固定效应估计方法。由于对控制变量的选取没有相应的原则，容易造成遗漏解释变量的问题。该方法一方面可以有效避免因解释变量选取的主观性；另一方面，通过设定截面以及时间固定效应，缓解省际因不同农业发展水平、地理条件等造成的差异。因此，这种方法在考虑了长江经济带省际因自身的差异所造成的不同的稳态值，同时也体现了自身稳态随时间的变化情况。模

型如下所示：

$$\frac{\ln\left(\frac{I_{i,\ t}}{I_{i,\ t-1}}\right)}{T}=a+b\ln(I_{i,\ t-1})+\mu_{t,\ t} \tag{4-3}$$

其中，$I_{i,\ t-1}$ 与 $I_{i,\ t}$ 分别表示第 i 个地区第 t-1 期和 t 期的农业生态效率值；$\ln\left(\frac{I_{i,\ t}}{I_{i,\ t-1}}\right)/T$ 表示从第 t 期和 $t-1$ 期农业生态效率年均增长率；a 为常数项；b 为期初农业生态资本运营效率的系数；$\mu_{t,\ t}$ 为随机误差项。若 $b<0$ 并且显著，则长江经济带各省份农业生态资本运营效率存在条件 β 收敛，不同地区的农业生态效率将收敛于自身的稳态水平。同样如此，令 $T=1$。

四、增长分布动态——核密度函数估计

传统的收敛方法（σ 收敛、绝对 β 收敛、条件 β 收敛）在一定程度上可以反映长江经济带农业生态资本运营效率差距的变化，但却不能直观地展现长江经济带上、中、下游地区农业生态资本运营效率整体分布状态及收敛的动态演变趋势，不能展现多重稳态状态下的分层收敛与多峰收敛。而核密度函数可以用概率密度的分布来分析收敛的区间范围以及集聚状况。

核密度估计（Kernel Density Estimation）通过对长江经济带 11 个省市农业生态资本运营效率的分布情况运用核密度估计量进行分析，主要通过核密度曲线中波峰的数量、高度、宽度及偏度来分析农业生态资本运营效率的演变趋势，并直观展现各省份农业生态资本运营效率的分布形态随着时间推移而变化的趋势（韩海彬等，2017）。基本原理如下所示。

设随机向量 x 的密度函数为 $f(x)=f(x_1,\ x_2,\ \cdots,\ x_i,\ \cdots,\ x_n)$，$x_1,\ x_2,\ \cdots,\ x_i,\ \cdots,\ x_n$ 为一组独立同分布的观测值，则核密度函数估计量为：

$$f(x)=\frac{1}{nh}\sum_{i=1}^{n}K\left(\frac{x-x_i}{h}\right) \tag{4-4}$$

其中，n 为样本观察值的数量，h 为带宽，$K(x)$ 为核函数。核密度函数主要包括以下种类：Epanechnikov（二次核）、Gaussian（高斯）、Triangle（三角）等核函数形式。通过对现有文献进行梳理发现：Epanechnikov 核函数在研究中使用最多，即 $K(u)=\frac{3}{4}(1-u^2)I(|u|\leq 1)$，本书也将利用这种形式的核密度函数进行估计。$h$ 为常数，表示窗宽或平滑系数，h 值的大小与平滑度成正相关关系。相比较核密度函数形式的选取对核密度估计结果影响较小而言，窗宽的选择决定了核密度估计的准确度以及核曲线的平滑度。研究

中，一般情况下将窗宽设定为 $h = 0.9SN^{\frac{4}{5}}$（N、S 分别为样本的数量与标准差）

运用核密度函数对长江经济带上、中、下游地区农业生态资本运营效率进行估计，通过对核密度曲线形态、波峰等相关特性的分析，可以很直观地展现上、中、下游地区农业生态资本运营效率整体分布形态与演变趋势，见表 4-1。

表 4-1　　核密度函数曲线分布形态与农业生态资本运营效率差距对应关系

差距 / 波峰	差距变大	差距变小
波峰高度	变矮	变高
波峰宽度	变宽	变窄
波峰偏度	左偏	右偏
波峰数量	变多	变少

若核密度曲线为“双峰”形态，则表明长江经济带农业生态资本运营效率地区间出现两个收敛点，相反，核密度曲线为“单峰”形态时，则地区间某地农业生态资本运营效率具有唯一收敛点；若核密度曲线整体上发生向右偏移趋势，则表明长江经济带各省份农业生态资本运营效率得到不断提升；若核密度曲线的高度不断上升，表明长江经济带省际的农业生态资本运营效率差距不断缩小。

第二节　农业生态资本运营效率区域差异的收敛性分析

一、农业生态资本运营效率 σ 收敛分析

根据式（4-1），本书计算了 2000—2018 年长江经济带全域及上、中、下游地区的农业生态资本运营效率标准差，并绘制了时间变化趋势图，如表 4-2 和图 4-1 所示。

表 4-2　　2000—2018 年长江经济带全域及上、中、下游地区的农业生态资本运营效率 σ 收敛统计值

年份	全域	下游地区	中游地区	上游地区
2000	0.1400	0.0992	0.0700	0.1411
2001	0.1453	0.1081	0.0683	0.1739

续表

年份	全域	下游地区	中游地区	上游地区
2002	0. 1644	0. 1090	0. 0553	0. 1912
2003	0. 1596	0. 0659	0. 0650	0. 1656
2004	0. 1347	0. 0989	0. 0336	0. 1440
2005	0. 1116	0. 0848	0. 0350	0. 0956
2006	0. 1196	0. 0895	0. 0305	0. 1743
2007	0. 1043	0. 1036	0. 0384	0. 1161
2008	0. 1236	0. 0881	0. 0524	0. 1633
2009	0. 1069	0. 0777	0. 0540	0. 1488
2010	0. 0884	0. 0645	0. 0533	0. 1255
2011	0. 1137	0. 0606	0. 0505	0. 1917
2012	0. 0971	0. 0595	0. 0425	0. 1588
2013	0. 0969	0. 0610	0. 0280	0. 1597
2014	0. 0828	0. 0635	0. 0249	0. 1264
2015	0. 0832	0. 0889	0. 0272	0. 1023
2016	0. 0875	0. 1005	0. 0258	0. 0713
2017	0. 0923	0. 1053	0. 0368	0. 0979
2018	0. 1305	0. 2422	0. 0284	0. 0641

资料来源：根据网络 SBM 模型得到的效率值基础上运用 Matlab 软件统计整理得到。

从 2000—2018 年长江经济带全域及三大地区农业生态资本运营效率标准差的平均值来看，长江经济带农业生态资本运营效率标准差的平均值为 0. 1149；长江下游地区均值为 0. 0932；中游地区的农业生态资本运营效率标准差均值最小，为 0. 0432；上游地区的农业生态资本运营效率标准差均值最大，为 0. 1374。长江经济带上、中、下游地区相比较，中游地区省际的农业生态资本运营效率标准差均值最小。

从时序演变趋势来看，全域及上、中、下游地区均显示出农业生态资本运营效率标准差随时间变化而上下波动的特征。具体来看，长江经济带上游和中游地区在研究期内呈现向下趋势，二者增减幅度相近，总体特征表现为收敛。如 2000—2005 年，上游和中游地区的农业生态资本运营效率标准差下降十分明显，2006—2016 年，波动幅度较大，2016 年以后，呈收敛趋势。受下游地区标准差数值演变趋势的影响，全域的农业生态资本运营效率标准差走向与下游地区比较一致，开始阶段出现小幅收敛，后经过“发散-收敛”的多重波动，自 2015 年后转为上升趋势，2018 年这一趋势变化明显，总体趋于发散。

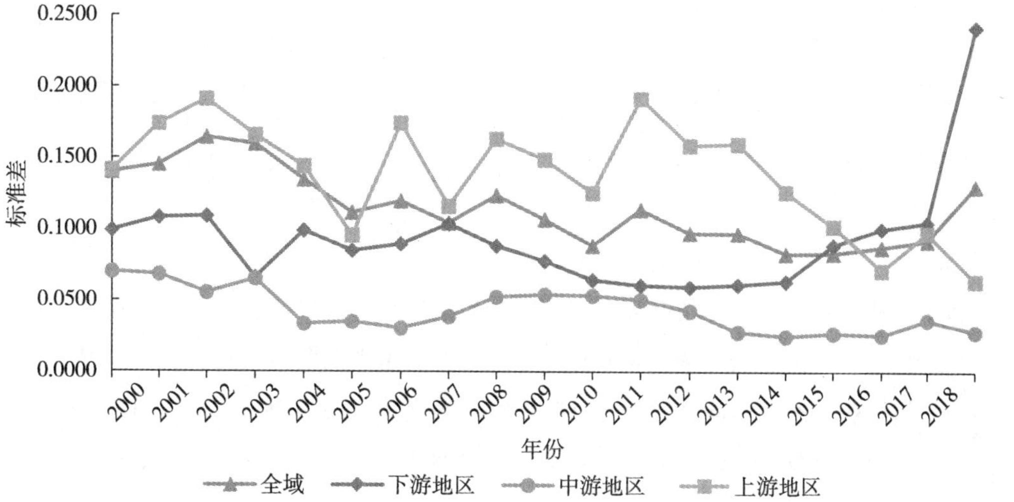

图 4-1　2000—2018 年长江经济带全域及上中下游地区的农业生态资本运营效率 σ 收敛趋势

由此得出，长江经济带全域农业生态资本运营效率呈现出整体发散局部收敛的趋势，故研究期内不存在 σ 收敛，这也说明长江经济带农业生态资本运营效率省际的差异将持续存在。就上、中、下游地区来看，上游和中游地区的农业生态资本运营效率标准差整体上趋于下降态势，存在收敛现象。下游地区的农业生态资本运营效率标准差波动幅度较大，且在研究期末出现发散现象，故不存在 σ 收敛，省际农业生态资本运营效率差异将持续存在。

σ 收敛情况还可以通过以下模型进行进一步检验：

$$CV_{I,\ it} = c + \sigma \cdot t + u_{it} \tag{4-5}$$

其中，$CV_{I,\ it}$ 为地区农业生态资本运营效率的标准差，c 为常数项，t 为时间变量，u_{it} 为随机扰动项。如果 $\sigma < 0$ 并且显著，则表明省际农业生态资本运营效率水平的差距随着时间的变化而不断缩小，即存在 σ 收敛；如果 $\sigma > 0$ 并且显著，则表明省际农业生态资本运营效率水平的差距随着时间的变化而不断扩大，即不存在 σ 收敛；$\sigma = 0$，则表明省际农业生态资本运营效率维持在期初水平。具体见表 4-3

表 4-3　**2000—2018 年长江经济带农业生态资本运营效率 σ 收敛检验结果**

系数	全域	下游地区	中游地区	上游地区
c	0.148*** (17.79)	0.078*** (4.04)	0.062*** (11.82)	0.178*** (11.76)

续表

系数	全域	下游地区	中游地区	上游地区
σ	-0.003 ***	0.002	-0.002 ***	-0.004 ***
	(-4.58)	(0.90)	(-4.09)	(-3.03)

注：①表中数据通过 Matlab 软件计算整理得到；②*、**、***分别表示 10%，5%，1%的水平上显著；③括号内为 t 统计量。

从回归结果来看，与标注差计算得到的结果一致：长江经济带全域、中游和上游地区的回归系数 $\sigma<0$，且在 1%的水平上显著，这表明在研究期内长江经济带全域、上游和中游地区的农业生态资本运营效率水平随着时间的变化呈现缩小的趋势，即存在 σ 收敛现象，下游地区的农业生态资本运营效率水平随时间变化起伏较大，呈发散趋势，不存在 σ 收敛现象。

二、农业生态资本运营效率绝对 β 收敛分析

根据式（4-2），对 2000—2018 年长江经济带全域及三大地区的农业生态运营效率的截面数据与面板数据进行绝对 β 收敛检验，结果见表 4-4。

表 4-4　**2000—2018 年长江经济带农业生态资本运营效率绝对 β 收敛的横截面检验结果**

系数	全域	下游地区	中游地区	上游地区
a	0.056 **	0.038	-0.045 *	-0.05 **
	(2.21)	(1.17)	(1.28)	(1.45)
b	0.090	0.021	-0.059 **	-0.126 **
	(1.46)	(0.35)	(0.72)	1.07

从表 4-4 结果来看，就长江经济带全域和下游地区而言，二者的回归系数 b 均大于 0，且未通过 10%的显著性检验，说明在研究期内长江经济带全域和下游地区各省市间不存在绝对 β 收敛，也间接说明下游地区农业生态资本运营效率的增长率高于上、中游地区及全域增长的平均值，区域间农业生态资本运营效率水平差距的扩大难以达到稳态水平，导致全域平均水平趋于发散状态。从中游和下游地区来看，回归系数 $b<0(b=-0.059$、$-0.126)$，且在 5%的水平上显著，说明研究期内收敛的假设能被接受，表明上游和中游地区农业生态资本运营效率省市间的差距在逐渐缩小，各省份收敛于各自的稳态水平，实现了农业生态产品的积累和转化。

三、农业生态资本运营效率条件 β 收敛分析

由以上研究表明，无论是在 σ 收敛还是绝对 β 收敛上，长江经济带全域和下游地区均未出现明显的收敛迹象。那么，是否存在地区间异质性导致回归结果出现偏差呢？在此，本书选用2000—2018年长江经济带9省2市的面板数据对全域和上、中、下游地区的农业生态资本运营效率进行绝对 β 收敛检验。

借鉴相关研究方法，首先采用Hausman检验来判断是选用固定效应模型还是随机效应模型有效。效果见表4-5。

表4-5　**2000—2018年长江经济带农业生态资本运营效率绝对 β 收敛的横截面检验结果**

系数	全域	下游地区	中游地区	上游地区
a	−0.0136 (−1.39)	0.016 (−1.50)	−0.025** (−1.91)	−0.017** (−1.48)
b	−0.1324 (−3.32)	−0.374 (−1.47)	−0.392** (−2.14)	−0.145** (−3.28)
Hausman	1.08	1.16	1.34	0.95
P 值	0.0189	0.2198	0.4509	0.2918
采用模型	固定效应	随机效应	随机效应	随机效应

由表4-5可知，2000—2018年长江经济带农业生态资本运营效率绝对 β 收敛的面板数据检验结果与截面数据检验结果相似。长江经济带农业生态资本运营效率全域绝对 β 收敛检验结果：回归系数 $b<0$（b=−0.1324、−0.374、−0.392、−0.145）并且中游和上游地区数据显著（通过5%的显著性检验）。长江经济带全域和下游地区农业生态资本运营效率绝对 β 收敛检验结果的 b 值虽然小于0，但不显著，未通过10%的显著性水平检验。

通过对以上长江经济带全域及上、中、下游地区的农业生态资本运营效率 σ 收敛和 β 收敛的检验可以看出：长江经济带全域和上、中、下游地区存在 σ 收敛；在 β 收敛的检验下，全域和下游地区未通过检验，中游和上游地区通过5%水平的显著性检验。

四、农业生态资本运营效率核密度曲线分析

为了更清晰地了解长江经济带农业生态资本运营效率的时序演化规律，利用Epanechnikov（二次核）的核密度函数形式描述长江经济带全域农业生态资本运营效率在2000年、2005年、2015年和2018年等代表年份的核密度曲线，如图4-2所示。

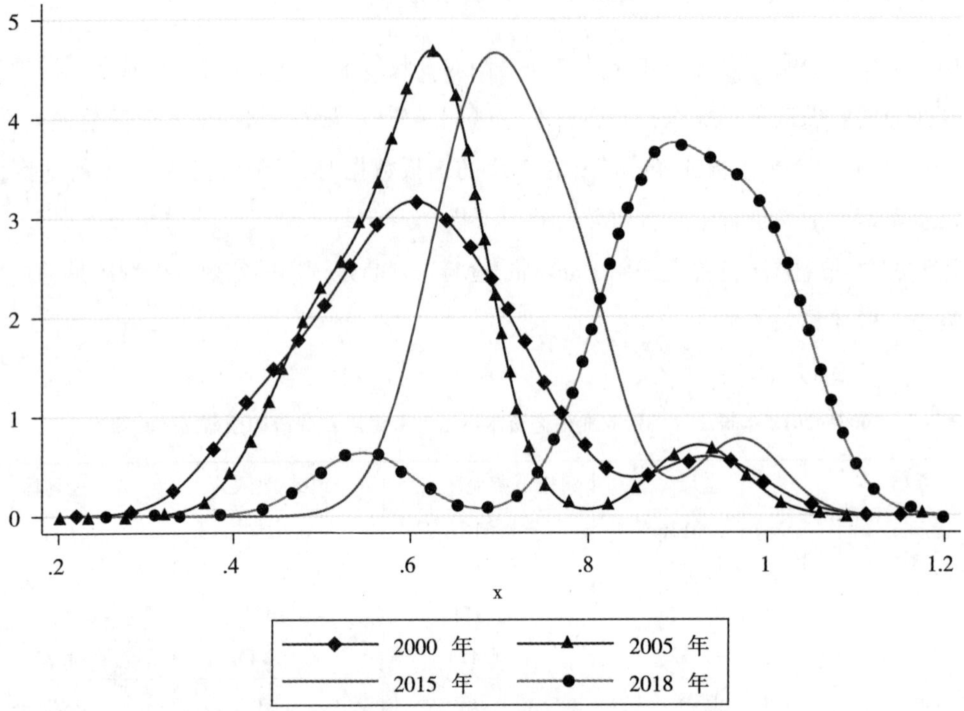

图 4-2　2000—2018 年代表年份长江经济带农业生态资本运营效率核密度估计

从图 4-2 可以看出，核密度函数对农业生态资本运营效率的估计结果：农业生态资本运营效率的整体水平在不断提升，从曲线趋势来看表现出向右平移态势，说明不同年份农业生态资本运营效率在考察期内不断提高；从形状来看，核密度曲线为“单峰”形态，主峰高度随时间的推移先上升后下降，且曲线宽度有缩小趋势，尤其是曲线左侧拓宽趋势明显，说明在研究期内全域农业生态资本运营效率不断提高，但省际的差距明显，与上文部分地区的收敛趋势相符。

第五章　长江经济带农业生态资本运营效率的影响因素

通过第三章和第四章的论述，测算了长江经济带省域农业生态资本运营效率地区差异，并对收敛性进行了分析，研究发现，部分地区存在差异，并且这一差异并未随时间推演而有所缓解。为什么省际农业生态资本运营效率的差距如此之大？是哪些因素影响了长江经济带不同地区的农业生态资本运营效率的空间格局？这些影响因素的内在机理如何？这些问题的回答对于提高长江经济带农业生态资本运营效率，推动绿色农业发展具有重要的意义。

第一节　农业生态资本运营效率的空间效应检验

一、全局空间自相关分析

本节采用全局空间自相关从长江经济带全域分析农业生态资本运营效率的邻近区域单元是否存在聚集特性、空间关联与空间集聚模式。一般采用全局 Moran's I 指数，公式如下：

$$I_{全局} = \frac{\sum_{i=1}^{n}\sum_{j=1}^{n} W_{ij}(x_i - \bar{x})(x_j - \bar{x})}{S^2 \sum_{i=1}^{n}\sum_{j=1}^{n} W_{ij}} \tag{5-1}$$

其中，I 代表全局 Moran 指数，取值范围为［-1，1］。若 $I_{全局} > 0$ 且显著，说明省际的农业生态资本运营效率水平相似的地区聚集在一起，表现为正的空间自相关，且值越大，相关度越高；若 $I_{全局} < 0$ 且显著，表明省际的农业生态资本运营效率水平在空间上是分散的，即不存在空间自相关，且值越小，相关度越低；若 $I_{全局} = 1$ 或 -1，且结果显著，表明省际农业生态资本运营效率存在完全的正相关或负相关关系；若 $I_{全局} = 0$，表明省际农业生态资本运营效率在空间上是随机分布的。n 代表地域单元的数量；x_i、x_j 代表第 i 个

和第j个地区的农业生态资本运营效率值；$\bar{x}$为x_i的平均值，即$\bar{x}=\frac{1}{n}\sum_{i=1}^{n}x_i$；$S$为指标$X$的样本标准差，即$S^2=\frac{1}{n}\sum_{i=1}^{n}(X_i-\bar{X})^2$；$W_{ij}$为空间联结权重矩阵，表示空间地域$i$和$j$相互作用的力量。本书采用基于Rook的空间链接方式，即

$$W_{ij}=\begin{cases}1，当区域 i 和区域 j 相邻\\0，当区域 i 和区域 j 不相邻\end{cases}(i, j=1, 2, 3, \cdots, n, i\neq j) \tag{5-2}$$

习惯上，将W_{ij}的对角元素设置为0。

二、局部空间自相关分析

全局Moran's I指数将省际的差异作平均化处理来反映农业生态资本运营效率相似地区是否整体上呈现空间自相关，未能体现那些不同于总体模式的省际空间关系，即不能反映省际具体的空间自相关性，还需要进行局部空间自相关分析（吴义根等，2019）。局部Moran's I指数的公式如下：

$$\text{Moran's } I_i=\frac{(Y_i-\bar{Y})}{S^2}\sum_{j=1}^{n}W_{ij}(Y_j-\bar{Y}) \tag{5-3}$$

在对局部空间自相关系数Moran's I指数测算的同时，我们得到相应的Moran散点图。Moran散点图分别以农业生态效率测算值的离差z及空间滞后项W_z为横纵坐标，将长江经济带11个省市的农业生态资本运营效率测算值分布到四个象限，将省际农业生态资本运营效率的关系分为四种局部空间关联模式（表5-1）。其中，第Ⅰ（H-H）、Ⅲ（L-L）象限代表正的空间自相关，表示农业生态资本运营效率水平相近省份的空间聚集；第Ⅱ（L-H）、Ⅳ（H-L）象限代表负的空间自相关，表示农业生态资本运营效率水平不同省份的空间集聚。

表5-1　**Moran散点图局部空间自相关的关联模式及其含义**

象限	空间模式	含　义
1	H-H：高农业生态资本运营效率—高空间滞后	农业生态资本运营效率高的省份与同效率高的省份集聚
2	L-H：低农业生态资本运营效率—高空间滞后	农业生态资本运营效率低的省份被效率高的省份包围
3	L-L：低农业生态资本运营效率—低空间滞后	农业生态资本运营效率低的省份与同效率低的省份集聚

续表

象限	空间模式	含　义
4	H-L：高农业生态效率—低空间滞后	农业生态资本运营效率高的省份被效率低的省份包围

相比较全局 Moran's I 指数，通过局部 Moran's I 指数得到的 Moran 散点图，可以通过二维可视化图来识别省际空间联系，进而判断空间分布不同集聚的类型。

第二节　农业生态资本运营效率的空间效应检验结果

一、全局空间自相关检验

借助 Matlab，选择基于空间 0-1 邻接权重矩阵计算长江经济带全域农业生态资本运营效率的 Moran's I 指数、Z 值和 P 值，结果见表 5-2。

表 5-2　**2000—2018 年长江经济带 11 个省份农业生态运营效率 Moran's I 统计值**

年份	2000	2001	2002	2003	2004	2005	2006	2007	2008	2009
Moran's I	0. 413	0. 242	0. 272	0. 443	0. 343	0. 453	0. 174	0. 163	0. 076	0. 010
Z 值	2. 901	2. 103	2. 340	3. 296	2. 719	3. 052	1. 891	1. 669	1. 143	0. 682
P 值	0. 002	0. 018	0. 010	0. 000	0. 003	0. 001	0. 072	0. 086	0. 127	0. 247
年份	2010	2011	2012	2013	2014	2015	2016	2017	2018	
Moran's I	−0. 072	−0. 303	−0. 164	−0. 109	0. 082	0. 247	0. 329	0. 142	−0. 091	
Z 值	0. 157	−1. 160	−0. 391	−0. 060	1. 171	1. 753	2. 212	1. 286	0. 064	
P 值	0. 437	0. 123	0. 348	0. 476	0. 121	0. 040	0. 013	0. 099	0. 074	

资料来源：通过 Matlab 19. 0 计算整理得到。

其中，Moran's I 指数取值为［−1，1］。Z 值表示标准差的倍数，P 值为概率。当 $|Z| >$ 1. 65 且 $|P| <$ 0. 1 时，置信度为 90%；当 $|Z| >$ 1. 96 且 $|P| <$ 0. 05 时，置信度为 95%；当 $|Z| >$ 2. 58 且 $|P| <$ 0. 01 时，置信度为 99%。长江经济带农业生态资本运营效率整体水平呈“集聚—分散—再集聚”的波动状态，2000—2007 年长江经济带省际农业生态资本运营效率的全局空间自相关性随时间的推移逐渐减弱，但此阶段 Moran 指数均通过了 10%的显著性水平。2008—2014 年 Moran's I 指数降为负值，且不显著，说明此阶段内不存

在农业生态资本运营效率水平高值区域与低值区聚集在一起的可能。2015—2018 年，农业生态资本运营效率值处于上下小幅波动范围，通过了 10%的显著性检验，存在空间自相关。从莫兰指数的波动趋势来看，长江经济带省际存在一定时期的农业生态资本运营效率的全局空间自相关性，其值的变动并非随机分布，说明将空间计量运用于考察长江经济带省际的农业生态资本运营效率演进过程中具有一定可行性。

二、局部空间自相关检验

表 5-2 中的全局 Moran's *I* 指数检验结果表明了长江经济带省际的农业生态资本运营效率总体表现出了阶段性的空间正相关关系，但具体省际的空间依赖关系很难体现。因此，将采用代表性年份的 Moran 散点图来直观展现长江经济带农业生态资本运营效率的空间集聚特征，更好地判断各省份农业生态资本运营效率水平的高低属性。如图 5-1～图 5-4 所示。

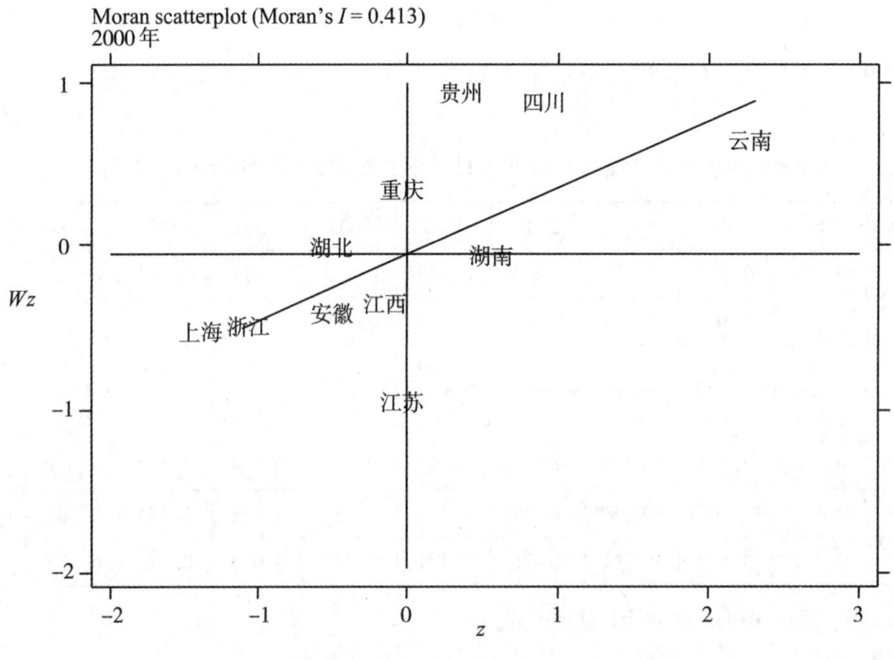

图 5-1　2000 年农业生态资本运营效率 Moran 散点图

图 5-1～图 5-4 分别列出了 2000 年、2005 年、2015 年与 2018 年长江经济带 11 个省市农业生态资本运营效率的分布情况。结合表 5-2 各省份农业生态资本运营效率值来看，2000 年、2005 年、2015 年的 Moran's *I* 指数分别为 0. 413、0. 453、0. 247，*P* 值在 10%的水平下通过了检验，但是2018 年的 Moran's *I* 指数为-0. 091，*P* 值为 0. 074，省际农业生态资本运营效率存在完全的负相关关系。整体来看，从各年份的 Moran 散点图可以看出，长

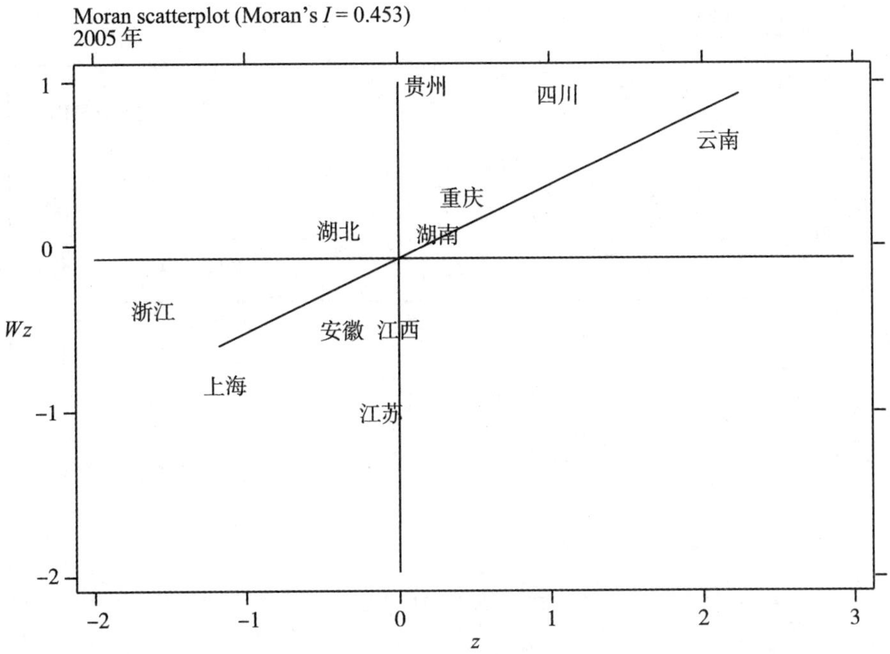

图 5-2　2005 年农业生态资本运营效率 Moran 散点图

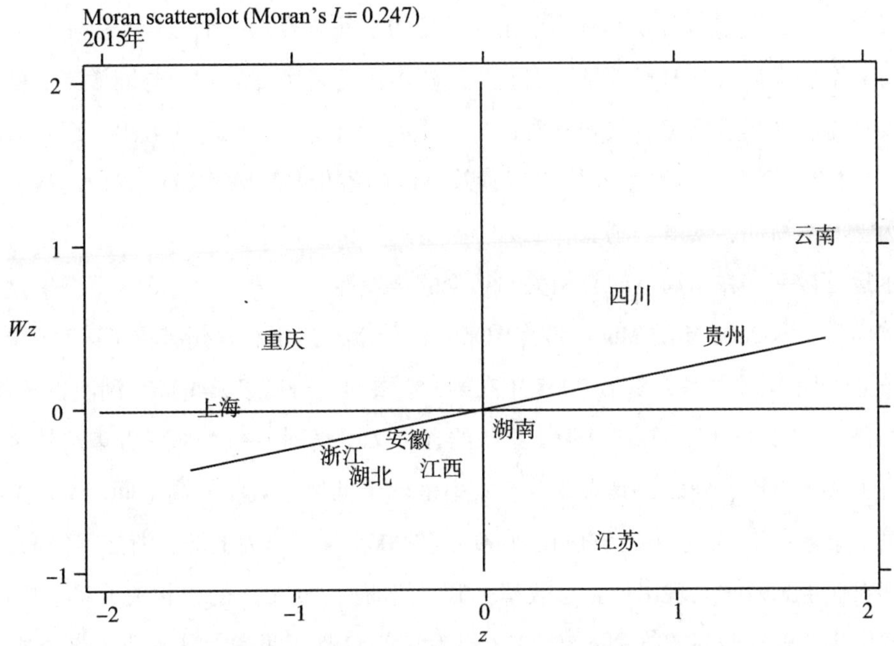

图 5-3　2015 年农业生态资本运营效率 Moran 散点图

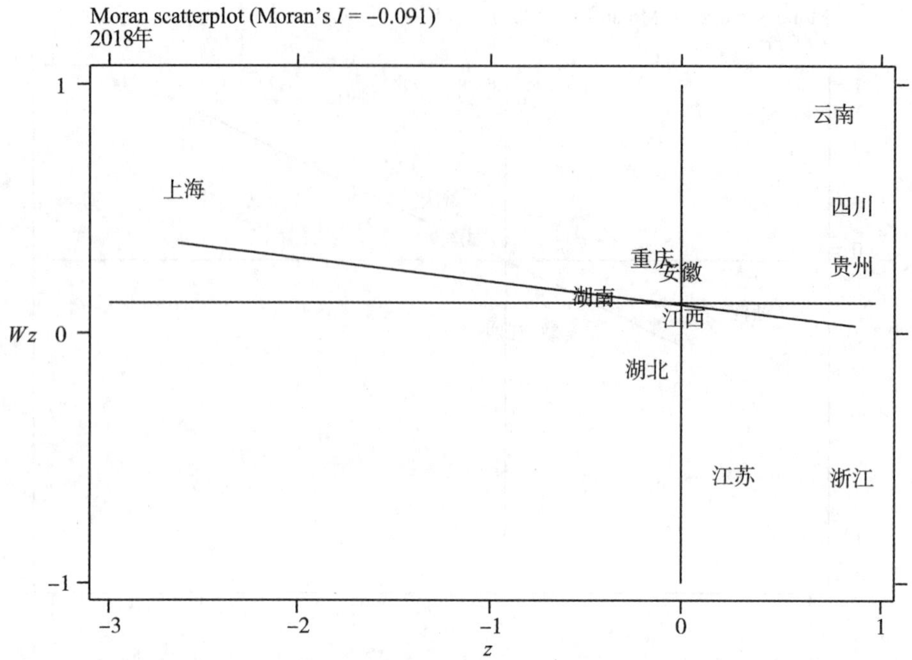

图 5-4　2018 年农业生态资本运营效率 Moran 散点图

江经济带农业生态资本运营效率有两个正向类型的空间集聚：一个是处于第 I 象限的高生态效率—高空间滞后（H-H）类型，农业生态资本运营效率高的省份与同效率高的省份集聚，主要集中在四川、云南、贵州三省；另一个是处于第 III 象限的低生态资本效率—低空间滞后（L-L）类型，农业生态资本运营效率低的省份与同效率低的省份集聚，此类型的省份为上海、浙江、安徽、湖北、江苏等省份的集聚。这也验证了长江经济带省际农业生态资本运营效率存在全局空间自相关的结论的合理性。

具体而言，从 2000 年的 Moran 散点图来看，云南、四川和贵州省位于第 I 象限，表现为 H-H 的空间正相关关系，随后 2005 年在第 I 象限的省份增多，重庆、湖南也转移到第 I 象限；2015 年和 2018 年，在 H-H 第 I 象限的省份又回复到最初西部三省集聚的水平；第 II 象限省主要为重庆、湖北，其农业生态效率呈现出低生态效率—高空间滞后（L-H）的负相关关系集聚；第 III 象限的省份在 2000 年和 2005 年主要为上海、浙江、安徽、江西、江苏，其农业生态效率呈现出低生态效率—低空间滞后（L-L）的正相关关系集聚；第 IV 象限的省份主要随着时间的推移，在 2018 年为江苏和浙江两省，其农业生态资本运营效率呈现出高生态效率—低空间滞后（H-L）的负相关关系集聚。通过 2000 年、2005 年、2015 年与 2018 年 Moran 散点图，长江经济带农业生态资本运营效率的省份大多分布在第

I 象限（高生态效率—高空间滞后 H-H 类型）与第 III 象限（低生态效率—低空间滞后 L-L 类型），西部三省（四川、贵州、云南）的农业生态资本运营效率表现出较稳定的正空间分布特征。

第三节　影响因素的实证分析

为了进一步验证农业生态资本运营效率的影响因素，本章通过构建面板数据模型，结合农业生态资本运营的实际特点，选取影响因素指标，分别对农业生态资本运营效率值（GML）、技术效率变化值（EC）和技术水平变化值（BPC）进行回归，探究影响长江经济带农业生态资本运营效率变化的重要因素。

一、面板模型构建

不同于时间序列和截面数据的二维特点，面板数据反映了多个个体在不同时间的指标数据，包含了个体（横截面）、时间和指标的三维数据。面板模式则是基于面板数据，使用线性回归分析自变量与因变量之间的因果关系，并预测未来发展趋势的模型。面板模型的一般形式如下：

$$y_{it} = \alpha_i + X_{it}\beta_{it} + \mu_{it} \quad i = 1, 2, 3, \cdots, N \quad t = 1, 2, 3, \cdots, T \tag{5-4}$$

其中，y_{it} 为被解释变量，X_{it} 为解释变量向量，β_{it} 为截距项，α_i 为解释变量向量对应的系数，μ_{it} 为随机扰动项。

根据上述模型中 α_i 和 β_{it} 的不同，可以进一步将面板模型分为以下三类。

①不包含个体效应的固定系数模型。该模型也称为“混合回归模型”，从时间上看，不同个体之间没有显著性差异，从截面上看也不存在个体影响，可以使用普通最小二乘法进行估计。模型的一般形式为：

$$y_{it} = \alpha_i + X_{it}\beta_{it} + \mu_{it} \quad i = 1, 2, 3, \cdots, N \quad t = 1, 2, 3, \cdots, T \tag{5-5}$$

②变截距模型。该模型从截面上看存在个体影响效应，在不同的横截面上解释变量的参数结构相同。模型的一般形式为：

$$y_{it} = \alpha_i + X_{it}\beta_{it} + \mu_{it} \quad i = 1, 2, 3, \cdots, N \quad t = 1, 2, 3, \cdots, T \tag{5-6}$$

③变系数模型。该模型从截面上看存在个体影响效应，并且结构参数随着时间或者个体的变化而有所不同。模型的一般形式为：

$$y_{it} = \alpha_i + X_{it}\beta_{it} + \mu_{it} \quad i = 1, 2, 3, \cdots, N \quad t = 1, 2, 3, \cdots, T \tag{5-7}$$

在面板数据变截距模型中，根据个体效应是否与解释变量存在相关关系，还可以将其进一步分为固定效应和随机效应模型。即将式（5-4）式转化为：

$$y_{it} = (\alpha^* + v_i) + X_{it}\beta_{it} + \mu_{it} \quad i = 1, 2, 3, \cdots, N \quad t = 1, 2, 3, \cdots, T \tag{5-8}$$

其中，α^* 为常数项，v_i 代表个体异质性的截距项，若 v_i 与 X_{it} 相关，则称之为固定效应模型；若 v_i 与 X_{it} 不相关，则称之为随机效应模型。通常，使用 Hausman 检验模型应该使用固定效应还是随机效应？Hausman 检验原假设为 v_i 与 X_{it} 不相关，即应使用随机效应模型。Hausman 检验的统计量为：

$$W = (\hat{B}_{FE} - \hat{B}_{RE})'[\mathrm{Var}(\hat{B}_{FE}) - \mathrm{Var}(\hat{B}_{RE})]^{-1}(\hat{B}_{FE} - \hat{B}_{RE}) \tag{5-9}$$

其中，$W \sim \chi^2(K)$，K 为随时间变化的解释变量个数，$\hat{B}_{FE}$ 为固定效应模型的估计参数，$\hat{B}_{RE}$ 为随机效应模型的估计参数。

二、影响因素选取与指标说明

（一）影响因素的选取及数据的来源

在构建模型前，先对模型中所选取的解释变量和被解释变量进行简单说明。在被解释变量选择上，本书认为农业生态资本运营效率衡量的是农业生态资本积累和转化过程中投入和产出的关系，因此被解释变量为农业生态资本运营效率值（ME）、农业生态资本积累效率变化值（EC）和农业生态资本转化效率值（BPC）。在前文分析的基础上，考虑数据的可得性，本节从以下方面分析长江经济带农业生态资本运营效率的影响因素，具体见表 5-3。

表 5-3　**长江经济带农业生态资本运营效率影响因素指标**

变量	指标名称	指标含义
被解释变量	农业生态资本运营效率	
	农业生态资本积累效率	
	农业生态资本转化效率	
解释变量	农业机械化水平（KW/hm^2）	机械总动力/耕地面积
	固定资产投入（亿元）	农村固定资产投资完成额
	农业产业结构调整（%）	粮食播种面积与经济作物播种面积比例
	农业生态资本投入（千公顷）	各省份水土流失治理面积
	水资源利用程度（%）	有效灌溉面积与农作物总耕种面积的比值
	财政支农水平（%）	农林水事务支出占地方财政支出的比重
	城镇化发展水平（%）	城镇人口占常住人口的比重
	农村人力资本（年）	农村家庭劳动力平均受教育年限

①农业机械化水平：各省市农业机械总动力与农作物总耕种面积的比值。农业机械总动力是指用于农林牧渔业的各种动力机械的总和，其与农作物总耕种面积的比值代表着单位面积可用动力机械即机械化程度，在一定程度上能够反映出生产要素质量对农业生态资本运营效率的影响①。

②固定资产投入：固定资产设备在日常使用中的持续折旧会影响农业生产，运转良好的设备及新设备在污染物排放、能源利用上更占优势。本书选用农村固定资产投资完成额表示固定资产投入情况②。

③农业产业结构调整。本书用粮食播种面积与经济作物播种面积比例来表示农业产业结构调整。其中，粮食播种面积（千公顷）和经济作物播种面积（千公顷）数据均来源于2001—2019年的《中国统计年鉴》。

④农业生态资本投入。本书以各省份水土流失治理面积（千公顷）为指代变量，数据来源于2001—2019年《中国统计年鉴》，由于其他变量单位为百分比，计量分析时对该原始数据进行了取对数处理。

⑤水资源利用程度：水资源是农业生产的命脉，农田水利设施的利用与完善能有效解决自然灾害对农业生产的破坏，本书以各省市有效灌溉面积与农作物总耕种面积的比值来衡量。

⑥财政支农力度。政府对农业的财政支出一般在农业的基础设施建设、农技推广等方面起着重要的作用，对农业生态资本运营效率提升有一定的推动作用③。用农林水事务支出占地方财政支出的比重来表示，财政支农比率的增减一方面可以反映政府干预程度对农业生态资本运营效率的影响④；另一方面，也能提高农民生产的积极性，通过改善农业生产的技术设备，有利于科技进步与农业技术推广，从而促进农业生态资本运营效率提高。

⑦城镇化发展水平。用城镇人口占常住人口的比重来表示。对于农业生态效率的影响方向还需进一步确定，城镇化会使农业从业人员减少，尤其是高素质从业人员，从而有可能导致耕地荒置，因此会造成生态效率的降低。

⑧农村人力资本：农村人力资本的积累意味着更多农业生产的知识与技能会被农民掌握，使他们在农业生产中更加注重环境保护。一般而言，农民受教育的年限越高，相对的

---

① 刘天宇．长江经济带农业环境全要素生产率及其影响因素实证研究［D］．荆州：长江大学，2018.

② 张赟．基于非期望产出SBM模型及面板Tobit模型对中国农业生态效率的实证分析——以陕甘宁青四地区为例［J］．海南金融，2018，2（351）：17-28.

③ 谭红英．长江经济带农业绿色生产效率及其影响因素研究［D］．重庆：重庆工商大学，2019.

④ 洪开荣，陈诚，丰超，等．农业生态效率的时空差异及影响因素［J］．华南农业大学学报（社会科学版），2016，2（15）：31-41.

劳动力素质也会越高，环保意识也会明显高于其他普通农业生产劳动者，对于提高农业生态资本运营效率有较显著的正向作用①。本书用农村家庭劳动力平均受教育年限来表征，假设其对农业生态资本运营效率起到正向影响②。

指标的基础数据均源于2001—2019年《中国统计年鉴》《中国农村统计年鉴》《中国贸易外经统计年鉴》《中国商品交易市场统计年鉴》及长江经济带各省市统计年鉴。

上述所涉及的各项指标变量的描述性统计，见表5-4。

表5-4　**各项指标变量的描述性统计**

解释变量	均值	标准差	最大值	最小值
农业机械化水平	4.427	1.094	5.760	2.590
固定资产投资	0.097	0.066	0.185	0.014
农业产业结构调整	0.124	0.030	0.183	0.080
农业生态资本投入	1.069	0.290	1.681	0.716
水资源利用程度	0.506	0.115	0.690	0.306
财政支农水平	0.991	0.647	2.372	0.118
城镇化发展水平	45.509	9.114	60.303	32.482
农业人力资本	8.038	0.410	8.779	7.121

（二）模型设定

①面板数据。面板数据是观测对象（如本章中的解释变量和被解释变量）在一段时间内的数据资料的总和。它包括了横截面数据与时间序列，横截面数据是指同一时期各变量的观测值；时间序列是指每一观测对象在 T 时期内各年份的观测值。在本章的面板数据中，样本中的个体在每个时期完全一样，所以本章的面板数据为“平衡面板数据”。相比横截面数据和时间序列数据，面板数据具有以下优点：解决遗漏变量问题；提供更多个体动态行为的信息；样本容量更大、承载更多信息、有效降低了变量空间共线的可能性。

② Hausman检验。尽管从经济理论的角度来看随机效应模型很少见，但是在处理面板数据时，仍然首先要确定是试用固定效应模型还是随机效应模型。简单来说，Hasuman检验的原假设是“随机效应模型为正确模型”，而无论原假设正确与否，都不影响固定效应

① 王丽影．低碳视角下农业生态效率及影响因素研究［D］．南昌：江西财经大学，2017.

② 谭红英．长江经济带农业绿色生产效率及其影响因素研究［D］．重庆：重庆工商大学，2019.

模型。如果不能拒绝原假设，那么随机效应模型比固定效应模型更有效；如果拒绝原假设，那么采用固定效应模型。

③ 计量模型的设定。由于 GML 指数代表农业生态资本运营效率动态变化情况，为了便于分析，需将其指数化并进行环比处理。本书参考刘瑛（2014）的分析，将 2000—2001 年（即 2001 年度）长江经济带各省市的农业生态资本运营效率值等被解释变量设为 1，每一期的指数为从基期（2001 年度）到报告期的所有增长率的乘积。根据前文理论分析及变量数据说明，本书建立如下三个面板数据模型来分析解释变量对农业生态资本运营 *GML* 指数、积累效率指数（*EC*）和转化效率指数（*BPC*）的影响：

$$GML_{it} = a + b\,DIS_{it} + c\,S_{it} + d\,R_{it} + e\,W_{it} + f\,M_{it} + \emptyset_i\,D_i + \omega_t\,D_t + \varepsilon_{it} \tag{5-10}$$

$$EC_{it} = a + b\,DIS_{it} + c\,S_{it} + d\,R_{it} + e\,W_{it} + f\,M_{it} + \emptyset_i\,D_i + \omega_t\,D_t + \varepsilon_{it} \tag{5-11}$$

$$BPC_{it} = a + b\,DIS_{it} + c\,S_{it} + d\,R_{it} + e\,W_{it} + f\,M_{it} + \emptyset_i\,D_i + \omega_t\,D_t + \varepsilon_{it} \tag{5-12}$$

上述三个面板数据模型中，*GML*、*EC*、*BPC* 分别表示解释变量农业生态资本运营效率指数、农业生态资本积累效率指数、农业生态资本转化效率指数；i 表示各省份，t 表示时期；$\emptyset_i\,D_i$ 和 $\omega_t\,D_t$ 分别表示无法观测到的长江经济带各省市的特性效应和时间效应；ε_{it} 为随机扰动项。

三、参数估计与实证结果分析

（一）参数估计

运用 stata 16.0 软件，对长江经济带全域农业生态资本运营效率、积累效率和转化效率的面板数据模型进行 Hausman 检验（表 5-5），结果显示影响农业生态资本运营效率的面板数据模型以及影响积累阶段的面板数据模型在 5%的显著性水平下均拒绝原假设，因此对 *GML* 和 *EC* 两个面板数据选用固定效应模型进行实证分析；影响转化阶段的数据模型在 10%的水平下不显著，即不能拒绝原假设，因此该面板数据选用随机效应模型进行计量分析。

表 5-5 **Hausman 检验结果**

被解释变量	x^2 统计量	自由度	*P* 值	是否拒绝原假设	采用模型
农业生态资本运营效率	4.41	8	0.0421	是	固定
农业生态资本积累效率	4.5	8	0.0245	是	固定
农业生态资本转化效率	2.43	8	0.0921	否	随机

1. 固定效应检验

由 Hausman 检验结果可知，农业生态资本运营效率和积累阶段效率的面板数据模型采用固定效应模型分析，检验结果见表 5-6。

表 5-6 **长江经济带农业生态资本运营效率影响因素回归结果**

解释变量	回归系数	标准差	t 值	$t \geqslant \|P\|$	95%的置信区间		显著性水平
农业机械化水平	0.014	0.005	2.96	0.003	0.005	0.023	***
固定资产投资	−0.959	0.096	−10.03	0.000	−1.147	−0.770	***
农业产业结构调整	0.604	0.091	6.15	0.000	0.522	1.283	***
农业生态资本投入	−0.026	0.018	−1.46	0.147	−0.062	0.009	
水资源利用程度	−0.041	0.046	−0.89	0.377	−0.132	0.050	
财政支农水平	−0.003	0.005	−0.60	0.550	−0.013	0.007	
城镇化发展水平	0.002	0.001	2.21	0.028	0.000	0.004	**
农业人力资本	−0.029	0.013	−2.12	0.035	−0.055	−0.002	**
常数项	0.799	0.124	6.47	0.000	0.555	1.042	***

注：*** 表示 $p<0.01$，** 表示 $p<0.05$，* 表示 $p<0.1$。

根据回归结果，对长江经济带全域农业生态资本运营效率的影响因素进行分析：农业机械化水平对农业生态资本运营效率值的影响系数为0.014，在1%的水平下显著，即机械化程度每提高1%，农业生态资本运营效率提高1.4%。这表明农业机械化水平的提高体现了农业生产技术的推广，有助于长江经济带农业生态资本运营效率的提升。固定资产投资对农业生态资本运营效率的影响系数为−0.959，在1%的显著性水平下，表明长江经济带农业固定资产投资比例的上升并未提高其农业生态资本运营效率，可能的原因在于农业固定资产投资重点在于生产设施的改进，而非资本投资运营对生态环境的影响。产业结构对农业生态资本运营效率的影响系数是0.903，在1%的水平下显著，表明第一产业的发展对农业生态资本的提高有正向影响。城镇化发展水平在5%的水平上显著，表明人口结构变量城镇人口占比对农业生态资本运营效率的提升具有积极作用，其影响系数为0.002。农业人力资本在5%的水平下显著，其影响系数为0.029，表明农业人口受教育程度的提高有助于提升生态资本效率。

表 5-7 为农业生态资本积累阶段效率的影响因素。其中，农业机械化水平对农业技术进步指数的影响系数为0.032，在1%的水平下显著，这表明机械化的投入对农业生态资本积累起到了促进作用。固定资产投资和产业结构在积累阶段的影响系数分别为 0.159 和

0.903，在1%的水平下显著，这表明农业基础设施的改善有助于农业生态产品的产出；水资源利用程度在5%的水平下显著，即有效灌溉面积的增加会对农产品的积累产生正效益；财政支农水平、城镇化发展水平在5%的水平下显著，其影响系数分别为0.013和0.006，这表明农林水事务支出对农业生态资本积累有促进作用。

表5-7　　长江经济带农业生态资本积累阶段影响因素结果

解释变量	回归系数	标准差	t 值	$t \geqslant \|P\|$	95%的置信区间		显著性水平
农业机械化水平	0.032	0.014	2.18	0.003	0.007	0.062	***
固定资产投资	-0.159	0.015	6.92	0.001	-0.201	0.170	***
农业产业结构调整	-0.002	0.001	2.12	0.030	-0.005	-0.003	***
农业生态资本投入	-0.013	0.128	0.04	0.104	-0.022	0.166	
水资源利用程度	0.201	0.051	0.79	0.027	0.071	0.531	**
财政支农水平	0.108	0.019	0.48	0.018	0.007	0.324	**
城镇化发展水平	0.006	0.011	0.92	0.184	0.000	0.254	
农业人力资本	-0.700	0.033	-3.49	0.035	-0.055	-0.002	
常数项	1.006	0.157	2.52	0.000	0.007	0.028	***

注：*** 表示 $p<0.01$，** 表示 $p<0.05$，* 表示 $p<0.1$。

2. 随机效应模型

由Hausman检验结果可知，农业生态资本技术效率的面板模型应采用随机效应模型分析，检验结果见表5-8。

表5-8　　长江经济带农业生态资本转化效率影响因素汇总

解释变量	回归系数	标准差	t 值	$t \geqslant \|P\|$	95%的置信区间		显著性水平
农业机械化水平	0.162	0.011	3.11	0.030	0.009	0.272	**
固定资产投资	1.831	0.669	2.74	0.008	0.423	2.793	***
农业产业结构调整	0.903	0.193	4.68	0.000	0.702	1.719	***
农业生态资本投入	0.051	0.002	5.13	0.041	0.012	0.159	**
水资源利用程度	-0.027	0.046	-0.65	0.377	-0.132	0.050	
财政支农水平	-0.007	0.010	-1.83	0.015	-0.015	0.291	**
城镇化发展水平	0.104	0.001	6.78	0.028	0.001	0.215	**

续表

解释变量	回归系数	标准差	t 值	$t \geqslant \|P\|$	95%的置信区间		显著性水平
农业人力资本	0. 134	0. 010	2. 12	0. 027	0. 011	0. 312	**
常数项	1. 0221	0. 151	2. 44	0. 000	0. 555	1. 042	***

注：*** 表示 $p<0.01$，** 表示 $p<0.05$，* 表示 $p<0.1$

表 5-8 中体现了农业机械化水平、固定资产投资、农业产业结构调整、农业生态资本投入、水资源利用程度、财政支农水平、城镇化发展水平和农业人力资本对长江经济带农业生态资本技术效率指数的影响作用。技术效率是指在投入产出不变的条件下，被评价单元的产出与同时期技术水平下最大产出的比值；技术效率变化是 $t+1$ 时期的技术效率与 t 时期的技术效率比值；技术效率指数则为各期以基期为标准的技术效率变化率。从表 5-8 中可以看出，受灾率对农业技术效率指数的影响系数为正值，这表明受灾率的上升可以提高农业技术效率。财政支农比率对农业技术效率指数的影响系数为-0. 1652695，在 1%的水平下显著，这表明增加财政支农比率反而降低了长江经济带农业技术效率。有效灌溉率对农业技术效率指数的影响系数为负值，这表明长江经济带提高农业灌溉率在一定程度上反而降低了农业技术效率。机械化程度对农业技术效率指数的影响系数为负值，这表明长江经济带加大农业机械总动力的投入并未对提升农业技术效率起到促进作用。农业税收政策对环境技术效率指数的影响系数为正，这表明减免农业税在一定程度上可以提高长江经济带农业技术效率。

（二）结果分析

为了便于分析上述结果，现将表 5-6、表 5-7、表 5-8 归纳总结为表 5-9。

表 5-9　　**各影响因素对长江经济带的三个面板数据模型的影响效应**

解释变量	农业生态资本运营效率指数	农业生态资本积累指数	农业生态资本转化指数
农业机械化水平	0. 014*** （2. 96）	0. 032*** （2. 18）	0. 162*** （3. 11）
固定资产投资	−0. 959*** （−10. 03）	−0. 159*** （6. 92）	1. 831*** （2. 74）
农业产业结构调整	0. 604*** （6. 15）	−0. 002*** （2. 12）	0. 903*** （4. 68）

续表

解释变量	农业生态资本运营效率指数	农业生态资本积累指数	农业生态资本转化指数
农业生态资本投入	-0.026 (-1.46)	-0.013 (0.04)	0.051** (5.13)
水资源利用程度	-0.041 (-0.89)	0.201** (0.79)	-0.027 (-0.65)
财政支农水平	-0.003 (-0.60)	0.108** (0.48)	-0.007** (-1.83)
城镇化发展水平	0.002** (2.21)	0.006 (0.92)	0.104** (6.78)
农业人力资本	-0.029** (-2.12)	-0.70 (-3.49)	0.134** (2.12)

注：***、** 分别表示在 1%、5%的水平下显著；括号内为 t 统计量。

根据回归结果，对于长江经济带农业生态资本运营效率、积累效率和转化效率的影响因素分析如下。

①农业机械化水平。农业机械化水平是长江经济带各省市农业机械总动力与农作物总耕种面积的比值。从表 5-9 可知，农业机械化水平对农业生态资本运营效率、积累效率和转化效率的影响系数均呈显著正相关关系，特别是从积累和转化指数的回归结果来看，农业机械化水平在这两个阶段均有明显的推动作用，农业机械化程度每提高 1%，积累阶段效率可增加 3.2%，转化阶段效率可提高到 16.2%。这表明农业机械化水平越高，越有利于农业生态资本的运营，无论是在农业生态产品的积累阶段还是将农业生态产品转化为资本进行运营的阶段。也说明生产要素的提高、机械化的使用为农业生态环境和资本化运营提供了良好的发展环境，催生了更优质的技术和管理水平，进一步提高了农业绿色化发展进程，减少了中间成本和时间。

②固定资产投资。本书使用农村固定资产投资完成额来衡量。从整体影响系数来看，固定资产投资对农业生态资本运营效率负向显著，系数为-0.959。分阶段来看，固定资产投资对农业生态资本积累的影响系数为-0.159，且显著；对农业生态资本转化效率的影响系数为 1.831，正向显著。可能的原因在于：农村固定资产投资多用于农林水利等基础设施的建设，在农业生态产品的生产积累阶段，机械化的投入必定对农业生态环境造成影响，因此出现负向影响是可以理解的；在转化阶段，影响因素显著为正，用于农业公共设施管理的投资对农业生态资本的转化和运营具有促进作用。说明今后长江经济带有必要加

大农村基础设施建设投资力度，为绿色农业生态资本运营提供必要的硬件设施。通过增加对绿色农业生态资本运营企业的扶植力度，解决农业发展的所遇到的问题。

③农业产业结构调整。上述结果显示，农业产业结构调整通过1%的显著性水平并且在农业生态资本运营效率和转化效率阶段具有正向影响，在农业生态资本积累阶段有负向影响。本书用粮食播种面积与经济作物播种面积比例来表示农业产业结构调整。在农业生态资本的积累阶段，农业产业结构的调整对积累阶段的效率影响为负，影响系数为-0.002。可能的原因在于，研究期内粮食播种面积的比重逐渐下降，经济作物的比重稳步上升。较之经济作物生产，粮食作物生产更追求农产品的数量而非质量，这也警示我们一定要防止土地因“超负荷”保障粮食生产而引发农业生态系统的崩溃。而农业产业结构调整对农业生态资本转化阶段的影响系数为0.903，产生了显著的正效益，说明相较于粮食作物生产，经济作物的产出和转化对农业生态资本运营的影响具有促进作用，有助于这一阶段效率的提升。

④农业生态资本投入。本书以长江经济带各省份水土流失治理面积（千公顷）为指代变量。从表5-9可以看出，各省份的水土流失治理面积对农业生态资本运营效率和积累效率的影响系数分别为-0.026和-0.013，但不显著。但这一指标在农业生态资本转化阶段的影响系数为0.051，在5%的水平下显著。可能的原因在于：农业生态资本投入通过带动农业生态建设以及农业环保投资，从而改变农业生态资源结构并增加农业生态资本存量，进而提升农业生态资本运营效率。例如，良好的空气和土壤环境可以获得更多的农业生产效益；清洁的环境有益于农业生产者的身心健康，从而能够为社会提供更好的劳动力生产要素。

⑤水资源利用程度。水资源是农业生产的命脉，农田水利设施的利用与完善能有效解决自然灾害对农业生产的破坏，本书以长江经济带各省市有效灌溉面积与农作物总耕种面积的比值来衡量。从表5-9中可以看出，水资源利用程度仅在农业生态资本积累阶段具有正影响，其可能的原因在于：在农业生态产品的积累阶段，水资源利用程度的高效可确保服务于农业生产获得更多产出，这也与第三章对研究区农业产出中各粮食作物和经济作物在全国占比总体趋势保持稳定上升相符。但在农业生态资本转化阶段，其转化效率的影响系数为-0.027但不显著，说明在农业生态资本转化阶段，水资源利用及相关节水灌溉技术并未对农业生态资本运营效率起到促进作用，反而在一定程度上降低了农业生态资本运营效率，说明今后长江经济带需要加强农业基础设施建设，结合技术进步，改善灌溉设施，提高用水利用效率，补齐生态产品到生态资本转化的短板，促进生产率的提高。

⑥财政支农水平。财政支农水平水平与农业生态资本运营效率负相关，但不显著；在5%显著性水平下，与农业生态资本积累效率呈显著正相关，系数为0.108。可能的原因在

于：近年来，连续十多年“中央一号”文件都聚焦于农业，表明国家对强农惠农的决心和支持力度一直在持续加大，通过政策不断完善，资金的支持，提高了农民种粮的积极性，刺激了粮食产量的增长，因此财政支农水平在农业生态资本积累阶段有显著正向影响。在转化阶段，与农业生态资本转化效率负相关，系数为-0.007。可能的原因在于：虽然近些年国家支持“三农”的强农惠农政策不断完善，农民种粮积极性不断提高，但重产量轻环境的现象时有发生，特别是投入粮食生产的土地、劳动和化肥、农药等生产要素迅速增加，对农业生态资本运营效率的提升效应却根本没有体现出来，某些情况下还需要追加投资治理农村面源污染等环境问题。

⑦城镇化发展水平。城镇化发展水平对农业生态资本运营、积累和转化均呈正向影响，影响系数分别为0.002、0.006和0.104。其中，农业生态资本运营效率和转化效率在5%的水平下均呈显著正相关，究其原因在于：城镇化发展提升了生态文明水平，政府仍然是环境治理的主导力量，通过行政化工具和市场化工具等多方式推动农业生态资本运营，将生态产品进行转化实现价值增值。而在积累阶段虽然显现出正效应，但不显著，可能的原因在于：城镇化发展可能对农业生态环境具有干扰作用，出现市地侵占农地、环境污染等问题，导致农业生态资本积累效率降低，出现不显著现象。

⑧农业人力资本。本书用农村家庭劳动力平均受教育年限来表征。结果发现，农业人力资本对农业生态资本运营呈显著负向影响，系数为-0.029。在积累阶段仍为负向影响，但不显著；在转化阶段，农业人力资本呈显著正相关，系数为0.134。在两阶段出现方向相反的影响结果，农村受教育劳动力对农产品积累阶段的作用有限，可能的原因在于：经济社会的快速发展，使得农产品的需求得到增长，但与此同时，城镇化的发展又使得有技能受过基础乃至以上教育的农村青壮年劳动人口大量转移，促使农户对农业生产实行掠夺式和粗放式的经营，进而对农村生态环境造成破坏；而在农业生态资本的转化阶段，农产品的加工、流通、农业生态环境的改善，实现绿色青山向金山银山转化的过程中，又迫切需要有懂技术、受教育程度高的农业技术人员参与绿色农业的生产与发展，因此在转化阶段农业人力资本起到显著的促进作用。

第六章 研究结论与政策建议

本书在对农业生态资本运营效率进行测度的基础上，从收敛性、影响因素两方面继续探讨农业生态资本运营、积累阶段和转化阶段的效率，得出了较为全面的研究结论。本章内容拟在总结主要研究结论的基础上，进一步围绕长江经济带农业生态资本运营效率的提升提出相应的政策建议。

一、主要研究结论

①长江经济带农业生态资本运营效率水平不高，但整体呈现上升态势。

基于长江经济带9省2市2000—2018年的面板数据，运用两阶段网络SBM模型测算各省市的农业生态资本运营效率。研究结果发现：a. 从时间维度来看，近20年间，长江经济带9省2市的农业生态资本运营效率水平不高，整体平均值为0.6937，小于1，并未实现DEA有效，但从时间演进角度来看，整体网络效率水平呈逐年上升趋势；b. 从区域农业生态资本运营效率值演进趋势来看，长江经济带整体运营效率值为0.6937，在空间分布上具有明显地域性特征：上游运营效率值>中游运营效率值>下游运营效率值；c. 从省际差异来看，农业生态资本运营效率值从大到小排列依次是云南、四川、湖南、江苏、贵州、江西、安徽、重庆、湖北、浙江和上海。从阶段效率值来看，9省2市在积累阶段的效率值明显大于转化阶段的效率值。在积累阶段，除上海、江苏、浙江、云南等省市以外，其余省市均处于前沿面（效率值等于1）；在转化阶段，云南省的转化率最高，为0.939；上海市的转化率最低，为0.5565。

②长江经济带及三大地区农业生态资本运营效率的收敛性不明显，动态演变趋势由“双峰”发展为“单峰”，且波峰的高度总体处于上升的趋势。

主要得出以下结论。a. 长江经济带全域农业生态资本运营效率呈现出整体发散局部收敛的趋势，故研究期内不存在σ收敛，这也说明长江经济带农业生态资本运营效率省际的差异将持续存在。就上、中、下游地区来看，上游和中游地区的农业生态资本运营效率标准差整体上趋于下降态势，存在收敛现象；下游地区的农业生态资本运营效率标准差波动幅度较大，且在研究期末出现发散现象，故不存在σ收敛，省际农业生态资本运营效率差异将持续存在。b. 2000—2018 年，长江经济带全域及三大流域地区的农业生态效率存在绝对β收敛，即农业生态资本运营效率水平较低的省份比农业生态资本运营效率较高的省份具有更快的增长率；而长江流域地区的农业生态资本运营效率不存在绝对β收敛，即农业生态资本运营效率水平较高的省份比农业生态资本运营效率较低的省份具有更快的增长率。c. 2000—2018 年，长江经济带整体及三大流域地区的农业生态资本运营效率存在条件β收敛，即假定长江经济带各省份具有相似的农业经济发展水平、农业种植结构、财政支农水平后，各地区的农业生态资本运营效率具有相同的增长路径与稳态水平。d. 2000—2018 年，长江经济带农业生态资本运营效率的 Kernel 密度函数估计显示，核密度曲线整体上呈现出向右偏移的形态，由“双峰”发展为“单峰”并且波峰的高度总体处于上升的趋势，说明长江经济带各省份的农业生态资本运营效率有逐步向高效率值收敛的趋势。

③长江经济带农业生态资本运营效率值具有一定空间特征，其空间特征的演化呈现“集聚—分散—再集聚”的波动状态。

研究结果发现：a. 从时间维度上看，2000—2007 年长江经济带省际农业生态资本运营效率的全局空间自相关性随时间的推移逐渐减弱，但此阶段 Moran's I 指数均通过了 10%的显著性水平。2008—2014 年 Moran's I 指数降为负值，且不显著，说明此阶段内不存在农业生态资本运营效率水平高值区域与低值区聚集在一起的可能。2015—2018 年，农业生态资本运营效率值处于上下小幅波动范围，通过了 10%的显著性检验，存在空间自相关。b. 从省际差异来看，通过对 2000 年、2005 年、2015 年与 2018 年 Moran 散点图分析发现，长江经济带农业生态资本运营效率的省份大多分布在第 I 象限（高生态效率—高空间滞后 H-H 类型）与第 III 象限（低生态效率—低空间滞后 L-L 类型），西部三省（四川、贵州、云南）的农业生态资本运营效率表现出较稳定的正空间分布特征。c. 从影响因素来看，农业机械化水平在农业生态资本运营效率指数、农业生态资本积累指数和转化指数的影响系数都显著为正。固定资产投资对农业生态资本运营、资本积累的影响系数都显著为负，但在农业生态资本转化阶段起到了正向影响。农业产业结构调整对农业生态资本运营指数和转化指数的影响系数均为正，在积累阶段的影响系数显著为负。农业生态资本投入仅在农业生态资本转化阶段起到了显著正向影响，在运营效率和积累效率下仅为负向影响，但不显著。水资源利用程度仅对农业生态资本积累指数的影响系数为正。财政支农水平对农业生态资本的积累阶段为正向影响，在转化阶段为负向显著。城镇化发展水平在整体运营阶段和转化阶段为显著正向影响。农业人力资本在农业生态资本运营效率指数和积累指数的影响因素为负，但仅在农业生态资本运营综合效率阶段为负向显著，而农业人力资本在农业生态资本转化阶段起到了显著正向影响。

二、政策建议

本书的实证分析结果表明，目前长江经济带农业生态资本运营效率尚未达到 DEA 前沿，仍有提升空间。本书最根本的目的在于发现目前农业生态资本运营中的效率问题，以便“对症下药”、精准提高农业生态资本运营效率。根据前文实证分析及研究结论，现提出如下政策建议。

（一）提高农业生态资本转化效率，推进农业绿色化生产

与积累阶段相比，长江经济带农业生态资本转化阶段的效率并不高，因此导致长江经济带的农业生态资本运营整体效率偏低。究其原因，在于农业要素投入在积累和转化过程中不合理。从积累阶段来看，大部分省份的积累效率均接近 1，但是在转化阶段，效率未达到 DEA 前沿面，说明当前农业生产中普遍关注农产品产量，要素投入过量，造成投入冗余。虽然这样的变化会使农业生产过程中产出获得递增，但诸如农业碳排放这样的非期望产出也会增加。从第三章农业生态资本运营效率分解来源分析中可以发现，在积累阶段，物质资本积累，如农业生产中农药、化肥等化学要素过量投入，严重制约着长江经济带农业生态资本积累效率的提升。而当前亟需在转化阶段下功夫，推进农业生产投入要素结构优化，减少农业无效率来源，提升长江经济带农业生态资本转化效率。

具体的措施包括：引导农业生产主体转变现有农业生产资料投入品种结构，引导农民增施有机肥代替化肥，推进生物防治，减少农药投入，重视农业生态产品质量；引入资本运营模式，因地制宜针对不同地域农作物生产划分为土地相对密集型和劳动相对密集型区域。对于农业资源禀赋优、土地相对密集的中下游地区，采取由机械代替劳动投入的方向发展；对于耕作条件复杂、劳动密集型需求较强的上游地区，在保持劳动力投入的基础上，将农业生态产品作为生态资源转化为生态价值，推广节本增效技术，朝生物型技术方向发展，降低农业投入成本，转化为农业生态资本，促进长江经济带农业绿色产业化发展的步伐。

（二）提高农业人力资本投入水平，强化农业人才支撑

农业人力资本的积累和技术水平的提高，是实现长江经济带农业生态资本运营效率提

高的源泉。资料显示，人力资本存量的变化趋势与地区经济能否持久有效地发展有着密切联系①。农业人力资本的受教育水平越高，在学习使用新技术时更快，对于农业生产、生态产品转化过程的实现能力越强，越有利于农业生态资本运营效率的提高。但目前长江经济带农业从业人员受教育程度普遍较低，高中及以上学历的从业人员占整个农业从业人员的比重较低且提升速度缓慢；农业技术人员占农林牧渔总产值从业人员占比呈现下游地区>上游地区>中游地区的情况。其中，2018 年上海的农业技术人员占比最高，为 0. 7725 次/万人，其次是浙江，为 0. 377 次/万人，中游地区农业技术人员占比最小，除湖北省为 0. 372 次/万人以外，其余三省均值仅为 0. 2377 次/万人；上游地区农业技术人员占比为 0. 2658 次/万人。农业技术人才的缺乏明显制约了长江经济带农业生态资本的运营，因此需要加大对农业人才的培养。根据第五章对农业生态资本运营影响因素的研究，发现农业人力资本在积累阶段对农业生态资本运营呈负向影响，说明农村受教育劳动力对农产品积累阶段的作用有限，这在一定程度上制约了农产品生态价值的转化，也是导致农业人力资本对农业生态资本运营效率整体呈负向影响的原因。因此针对这一现象，有必要从“软实力”和“硬技术”两方面加大对农业人力资本的投入。

从“软实力”上说，可以提升农业生态资本运营的积累效率。一方面，加强新型职业农民培训力度。长江经济带各省市现可围绕农业生产需要，重点面向种养大户、家庭农场主等农业生产经营大户人才，开展农业生产技术、经营管理知识、市场营销方法、岗位职业技能等系统培训，培养农业从业人员成为具备绿色发展理念、掌握绿色生产技术技能的农村实用人才，从而带动其他人开展绿色生产，培养新型农民的“软实力”。如杭州市为加快现代农业数字化转型，培养植保飞防技能型人才，通过操控无人机进行打药、播种、施肥。该方法既可解决人口老龄化带来的劳动力不足的问题，又可在施药过程中操作者不与农药直接接触，提高安全性。另一方面，强化政策扶持，“引智”走进培训讲堂。一是支持“土专家”“田秀才”走进培训教室为农民传授创业致富经验。在高素质农业人才培养方面，要注重与涉农高校及其他省市的合作，定向引进高素质农业人才，不断优化农业人力结构。二是鼓励符合条件的农村实用人才承担国家涉农财政项目，通过项目带动农业农村人才创业兴业。

从“硬技术”上说，可以提升农业生态资本运营的转化效率。长江经济带内各省市应加大研投力度，经济基础好的下游地区可通过成立现代农业产业园，因地制宜打造国家有

① 赵彤．长江经济带人力资本结构及竞争力研究［J］．南通大学学报（社会科学版），2018，34（3）：31-36.

机产品认证示范区、国家农村产业融合发展示范园等方式来支撑农业生态资本运营的绿色化发展。如2021年上海市金山区成立了国家首个现代农业产业园，通过联合资源、联结农民、联通规划、联动发展，精一产，强二产，亮三产，形成了金山特色的“生产+科技+加工+品牌+营销”的一、二、三产融合发展新格局①。上游地区省份应从农业资源禀赋上考虑农业特色优势产业，集中人力、财力、物力加强农业科技攻关，推动特色农业特色优势产业全产业链发展。以贵州为例，贵州是全国唯一没有平原支撑的省份，耕地资源十分稀缺。该省近年来努力提高农业科技水平，加快现代山地特色高效农业发展步伐，推进农业农村现代化。如通过“聚人力—聚智力—聚财力”整合科技和人才资源，成立了省蔬菜、肉牛、中药材等16个产业技术体系、16个产业技术研发中心，定点服务14个深度贫困县，精准满足深度贫困区农业产业发展科技需求②。

（三）加大财政支农力度，增强农业发展后劲

农业生态资本运营需要资金投入和技术支撑作为物质基础，无论是农业基础设施的完善、农业自动化等新技术的研发还是绿色农业推广等都离不开资金的支持，而最常见的就是财政补贴。根据第五章的研究发现，当前长江经济带各省市对于财政支农力度并不大，同时财政支农结构不合理，财政支出对于农业绿色生产效率的促进作用不明显，因此还需加大财政对农业的支持力度，提高财政支农的效能。由于各省市农业生态资源禀赋不同，经济发展存在异质性，需要根据地区实际情况，因地制宜，采取合适的财政支农政策。

一是试点先行，平稳推进改革工作。以农业融资担保业务为例，可先行选择试点区域，启动财政支农改革任务。如江苏省南通市，对实际经营地位于南通市乡村振兴示范、先进培育村范围内新设的农民合作社、新型合作农场、种养大户、家庭农场、农业社会化服务组织、农业龙头企业等农业生产经营主体进行界定，将单户政策内业务在保余额控制在10万~300万元，主要从事现代种养业、乡土特色产品、农产品加工流通业、乡村休闲旅游业、乡村新型服务业等与农业生产直接相关的产业项目，可享受财政扶持政策，具体包括担保费财政补贴和财政贴息③。

---

① 新浪财经．上海首个国家现代农业产业园出炉，金山“第六产业”风景越绘越美［DB/OL］．［2021-01-29］．https：//finance. sina. com. cn/jjxw/2021-01-29/doc-ikftssap1763434. shtml.

② 贵阳网．贵州：推动特色农业产业科技攻关新突破［DB/OL］．［2020-09-24］．http：//www. gywb. cn/system/2020/09/24/030730118. shtml.

③ 中共江苏省新闻网．南通市新出台农担惠农财政扶持政策［DB/OL］．［2021-04-16］．http：//www. zgjssw. gov. cn/shixianchuanzhen/nantong/202104/t20210416_7049762. shtml.

二是适当吸引社会资本支持乡村振兴示范村建设，找准市场与政府、财政与金融的结合点。一方面，强化财政政策对“三农”信贷的正向激励，给予培育地区农业经营主体低成本资金支持，激发市场主体活力，真正让农民成为产业兴旺的发展主体和受益主体。另一方面，充分发挥市场机制作用，树立市场主体有偿资金意识，放大财政支农政策效应，提高财政支农资金使用效益，加大引导涉农投入，点燃乡村产业发展“新引擎”，以点带面推动乡村全面振兴。

三是合理利用财政支农资金，最大限度地发挥财政支农效能。例如加大财政对农业科研、教育和农业技术推广体系以及农业基础设施建设的支持力度，加强农产品质量安全体系建设，增强农业灾害及扶贫等财政投入，夯实农业后续发展基础；同时突出绿色生态导向，促进农业资源合理利用与生态环境保护的农业补贴政策体系和补贴制度，增强地区农业发展后劲。

（四）明晰区域差异的影响因素，建立区域农业互动合作机制

长江经济带农业生态资本运营效率值存在空间差异，上、中、下游各省份的农业生态资本运营效率在收敛性上也存在地区差异，因此在政策制定上需尊重地区的差异性，推动域内各省市农业合作交流机制的开展。具体说来，一是注重先进的农业技术水平与管理水平在区域间的扩散效应。通过农业生态资本运营效率较高的下游地区带动农业生态资本运营效率水平较低的中上游地区，加快农业生态资本转化的速度，确保生产要素在地区间的空间溢出效应，使得上游地区在学习下游地区的农业技术水平过程中，不断改善农业生产方式与提高资源利用效率，降低农业碳排放、农业面源污染等非期望产出因素对生态环境的影响，进而促进地区间农业生态资本运营效率水平的提升，缩小地区间农业生态资本运营水平的差距，推动上、中、下游地区农业生态资本运营效率的协调发展。二是要明晰长江经济带上、中、下游地区农业生态资本运营的差异，形成互补合力发展。长江经济带拥有宝贵的农业资源，上、中、下游地区应因地制宜推进农业优势产业带、特色产业带建设。长江经济带上游地区应重点发展以草食畜牧业为代表的特色生态农业，中游地区应重点强化粮食、油菜籽、水产品等重要农产品供给保障能力，下游地区应因地制宜发展高效精品农业和都市农业①。三是建立区域互动合作机制。加强国家层面协同指导，统筹研究解决长江经济带农业绿色发展在研究和应用中的重大战略和技术问题，建立健全地方政府之间协商合作机制，加强协同联动，强化山水林田湖草沙等各种生态要素的协同治理，推

① 吴传清，黄磊，万庆．黄金水道——长江经济带［M］．重庆：重庆大学出版社，2018.

动上、中、下游地区的互动协作，增强各项举措的关联性和耦合性。

（五）健全农业生态补偿机制，探索农业生态产品价值实现路径

农业生态资本的积累是决定农业生态资本运营平稳发展发展的关键因素。而长江经济带各省份每年水土流失治理面积、农用化肥施用量、农药使用量等污染治理的成本却在逐年上升，这一不争的事实正阻碍着农业生态资本运营的发展。因此，必须重视和加快建立农业生态补偿机制，保护农业生态资源，改善农业生态环境，探索生态产品价值实现路径。具体可从以下方面考虑。

一是建立生态资源法律保障体系。农业生态资源同其他资源一样，是经济发展的重要基础，充分依托各省市优势农业生态资源，将其转化为经济发展的动力，是确保农业生态产品价值实现的重要途径。因此，亟待加强立法，构建以生态产品价值实现专项法律为引领，以生态补偿、碳汇交易、生态产品项目建设公私合作、生态产品项目融资等具体领域法律为组成部分的法律保障体系，增强其"保障生态产品价值实现"法律功能，并提升其与生态产品价值实现专项法律的融合性。

二是制订合理的生态补偿标准。政府及其他补偿主体应加强对农业生态补偿的支持力度。既要考虑补偿农户由于环境保护所产生的机会成本，又要遵循减量化、社会支出最小化原则。当前，长江经济带生态投入主要依赖各级财政，投入主体和投入方式较为单一，导致投入水平较低。因此，须建立以政府投入为主体、社会资本和农民自筹自建为辅助的多元化资金统筹体系，才能满足生态建设日益增长的资金需求。

三是建立运行顺畅的生态产品市场交易体系。生态产品市场是生态产品价值实现的重要载体。允许环保组织和环保公民参与排放权交易，成为需求者，表达各方的环保意愿。此外，开拓生态产业化市场，如借鉴一些地方的实践经验，发展生态休闲和旅游产业及生态特色农业，打通"两山"转化通道，推动生态产品价值实现。

四是建立健全农业生态补偿激励机制。首先要确立生态补偿专项基金，加强政府与市场有效结合、引入第三方金融机构管理运营，实行区域差异化补偿；其次，从市场补偿层面和政府补偿层面出发，构建补偿激励机制。如从市场补偿角度，可构建以阶梯式生态溢价为工具的农业生态环境内生价格补偿机制，探讨了品牌诱导、复合激励、风险分担等内生价格补偿的实现机制。同时，从政府补偿角度，可优化政府主导型农业生态环境补偿机制，着力从建立完善环境友好型农业技术的研发推广机制、建立完善农业生态系统服务价值的实现机制、建立完善接续替代产业的区域差异化培育机制等方面进行补偿，确保农业

生态补偿机制的合理运行。

五是大力发展数字农业，将农产品转化为农商品。以产业互联网和消费互联网双轮驱动，实现从田间到餐桌全产业链的产供销链路一体化。如可借助下游地区浙江省先进的数字乡村经验，在上游地区（云南、贵州、四川）布局建产地仓，帮助农产品上行，通过产地仓和销地仓（中下游省份）的联动加快物流周转效率，缩短中间损耗。通过加强农产品的标准化和提高品质，升级供应链，把农产品变成分级分类商品，让农产品的价值真正体现出来。

参考文献

[1] A Myrick F. 环境与资源价值评估：理论与方法［M］. 曾贤刚，译．北京：中国人民大学出版社，2002：14.

[2] Robert Constanza，等．全球生态系统服务与自然资本的价值估算［J］. 生态学杂志，1999（2）：71-75，77-79.

[3] Terry L Anderson，Donald R Leal，等．环境资本运营：生态效益与经济效益的统一［M］. 北京：清华大学出版社，2000.

[4] 阿玛蒂亚·森．以自由看待发展［M］. 北京：中国人民大学出版社，2002.

[5] 白俊红，卞元超．要素市场扭曲与中国创新生产的效率损失［J］. 中国工业经济，2016（11）：39-55.

[6] 白俊红．人力资本、R&D 与生产率增长——基于中国省级数据的实证分析［J］. 山西财经大学学报，2011. 12.

[7] 保罗·霍肯．自然资本论（中译本）［M］. 上海：上海科学普及出版社，2000.

[8] 毕秀水．自然资本代际配置研究——可持续发展的产权制度设计［J］. 中国工业经济，2004（8）：20-25.

[9] 蔡成琳．会计在可持续发展中的几点思考［J］. 财经论丛，1999（1）：55-60.

[10] 蔡奇．加快农村人力资本与生态资本开发［J］. 浙江经济，2003（17）：24-25.

[11] 蔡荣，陶素敏．中国农业化肥投入效率空间差异及动态变迁［J］. 华中农业大学学报（社会科学版），2020（6）：57-66，163.

[12] 曹东，赵学涛，杨威杉．中国绿色经济发展和机制政策创新研究［J］. 中国人口·资源与环境，2012，22（5）：48-54.

[13] 曹俊文，曾康．低碳视角下长江经济带农业生态效率及影响因素研究［J］. 生态经济，2019，35（8）：115-119，127.

[14] 曹明德．对建立生态补偿法律机制的再思考［J］. 中国地质大学学报（社会科学版），2010，10（5）：28-35.

[15] 曹文杰，赵瑞莹．国际农业面源污染研究演进与前沿——基于 CiteSpace 的量化分析

[J]. 干旱区资源与环境，2019，33（7）：1-9.

[16] 曾福生，刘俊辉. 区域异质性下中国农业生态效率评价与空间差异实证——基于组合 DEA 与空间自相关分析［J］. 生态经济，2019，35（3）：107-114.

[17] 车宗贤，于安芬，李瑞琴，等. 石羊河流域绿色农业循环模式研究［J］. 中国农业资源与区划，2011，32（2）：34-37，43.

[18] 陈光炬、严立冬. 民族地区"生态特区"发展论——一个基于生态资本运营的分析框架［J］. 湖北民族学院学报，2009（6）.

[19] 陈光炬. 农业生态资本运营：内涵、条件及过程［J］. 云南社会科学，2014（2）：111-115.

[20] 陈光炬. 农业生态资本运营研究［D］. 武汉：中南财经政法大学，2011.

[21] 陈龙华. 关于自然资本的会计计量研究［D］. 北京：中国海洋大学，2008：5.

[22] 陈明华，刘文斐，王山，等. 长江经济带城市生态效率的时空分异及其驱动因素［J］. 中国人口·资源与环境，2020，30（9）：121-127.

[23] 陈劭锋，杨红. 自然资本、科技进步与经济的可持续增长［J］. 中国人口·资源与环境，1999，9（3）：25-29.

[24] 陈增增. 河南省农业生态效率评价研究［D］. 石河子：石河子大学，2020.

[25] 程翠云，任景明，王如松. 我国农业生态效率的时空差异［J］. 生态学报，2014，34（1）：142-148.

[26] 程钰，尹建中，王建事. 黄河三角洲地区自然资本动态演变与影响因素研究［J］. 中国人口·资源与环境，2019，29（4）：127-136.

[27] 程昫，杨印生. 矩阵型网络 DEA 模型及其实证检验［J］. 中国管理科学，2013，21（5）：103-109.

[28] 崔莉，厉新建，程哲. 自然资源资本化实现机制研究——以南平市"生态银行"为例［J］. 管理世界，2019，35（9）：95-100.

[29] 崔元锋，严立冬，陆金铸，等. 我国绿色农业发展水平综合评价体系研究［J］. 农业经济问题，2009，30（6）：29-33.

[30] 戴波. 生态资产与可持续发展［M］. 北京：人民出版社，2007.

[31] 戴尔阜，王晓莉，朱建佳，等. 生态系统服务权衡/协同研究进展与趋势展望［J］. 地球科学进展，2015，30（11）：1250-1259.

[32] 邓峰，杨婷玉. 市场分割对省域创新效率的空间相关性研究——基于创新要素流动视角［J］. 科技管理研究，2019，39（17）：19-29.

[33] 邓扶平，焦念念. "生态福利"的法学蕴涵及其学理证成［J］. 重庆大学学报（社

会科学版), 2014, 20 (1): 131-135.

[34] 邓光耀, 张忠杰. 基于网络 SBM-DEA 模型和 GML 指数的中国各省工业用水效率研究 [J]. 自然资源学报, 2019, 34 (7): 1457-1470.

[35] 邓建华. 自然资本及其评估和运营研究——以自然保护区为例 [J]. 经济师, 2015 (5): 43-44, 46.

[36] 邓靖. 中国居民经济福利的动态差异分析——来自 210 个地市及以上城市的经验证据 [J]. 中国人口·资源与环境, 2016, 26 (S2): 449-452.

[37] 邓翔, 朱高峰, 李德山. 人力资本、贸易开放与区域全要素生产率——基于 GML 指数和系统 GMM 方法 [J]. 经济问题探索, 2017, 421 (8): 1-8.

[38] 邓远建, 肖锐, 陈杰. 生态脆弱地区农业生态资本运营安全调控机理分析 [J]. 中国地质大学学报 (社会科学版), 2015, 15 (5): 62-70.

[39] 邓远建, 肖锐, 严立冬. 绿色农业产地环境的生态补偿政策绩效评价 [J]. 中国人口·资源与环境, 2015, 25 (1): 120-126.

[40] 邓远建, 杨旭, 陈光炬, 等. 中国生态福利绩效水平的空间非均衡及动态演进 [J]. 中国地质大学学报 (社会科学版), 2020, 20 (4).

[41] 邓远建, 张陈蕊, 袁浩. 生态资本运营机制: 基于绿色发展的分析 [J]. 中国人口·资源与环境, 2012, 22 (4): 19-24.

[42] 邓远建. 绿色财富积累论 [M]. 北京: 中国环境出版社, 2015.

[43] 丁宝根, 赵玉. 基于 DEA 模型的长江经济带农业生态效率的测度与评价 [J]. 老区建设, 2019 (6): 45-49.

[44] 董捷. 论自然资本投入与农业可持续发展 [J]. 农业技术经济, 2003 (1): 28-30.

[45] 杜江, 王锐, 王新华. 环境全要素生产率与农业增长: 基于 DEA-GML 指数与面板 Tobit 模型的两阶段分析 [J]. 中国农村经济, 2016, 375 (3): 65-81.

[46] 杜丽群. "环境资本" 与可持续投资 [J]. 北京大学学报 (哲学社会科学版), 1999 (2): 45-50, 157-158.

[47] 杜松华, 陈扬森, 柯晓波, 等. "互联网+生态农业" 可持续发展——广东绿谷模式探究 [J]. 管理评论, 2017, 29 (6): 264-272.

[48] 范金, 周忠民, 包振强. 生态资本研究综述 [J]. 预测, 2000 (5): 30-35.

[49] 范丽霞, 李谷成. 全要素生产率及其在农业领域的研究进展 [J]. 当代经济科学, 2012, 34 (1): 109-119, 128.

[50] 方方. 京津冀地区农业生产效率的时空格局及收敛性研究 [J]. 世界地理研究, 2019, 28 (5): 130-140.

[51] 方恺，Heijungs Reinout. 自然资本核算的生态足迹三维模型研究进展［J］. 地理科学进展，2012，31（12）：1700-1707.

[52] 方恺，高凯，李焕承. 基于三维生态足迹模型优化的自然资本利用国际比较［J］. 地理研究，2013，32（9）：1657-1667.

[53] 方恺，沈万斌，高凯. 能源足迹变化的多因素影响效应研究——以吉林省为例［J］. 生态与农村环境学报，2012，28（2）：133-138.

[54] 方恺，王莉红，李焕承. 基于生态系统服务价值的江南传统农业区土地利用规划影响评价［J］. 长江流域资源与环境，2010，19（S2）：101-107.

[55] 方恺. 1999—2008 年 G20 国家自然资本利用的空间格局变化［J］. 资源科学，2014，36（4）：793-800.

[56] 方恺. 基于改进生态足迹三维模型的自然资本利用特征分析——选取 11 个国家为数据源［J］. 生态学报，2015，35（11）：3766-3777.

[57] 方时姣，肖权. 中国区域生态福利绩效水平及其空间效应研究［J］. 中国人口·资源与环境，2019，29（3）：1-10.

[58] 付伟，赵俊权，杜国祯. 资源可持续利用评价——基于资源福利指数的实证分析［J］. 自然资源学报，2014，29（11）：1902-1915.

[59] 高吉喜，李慧敏，田美荣. 生态资产资本化概念及意义解析［J］. 生态与农村环境学报，2016，32（1）：41-46.

[60] 高吉喜，范小杉. 生态资产概念、特点与研究趋向［J］. 环境科学研究，2007（5）：137-143.

[61] 高吉喜. 区域生态资产评估：理论、方法与应用［M］. 北京：科学出版社，2013.

[62] 龚斌磊. 投入要素与生产率对中国农业增长的贡献研究［J］. 农业技术经济，2018（6）：4-18.

[63] 巩杰，燕玲玲，徐彩仙，郭青海. 近 30 年来中美生态系统服务研究热点对比分析［J］. 生态学报，2020，40（10）：1-11.

[64] 顾海，孟令杰. 中国农业 TFP 的增长及其构成［J］. 数量经济技术经济研究，2002（10）：15-18.

[65] 管明，马国胜，薛誉华. 江苏太湖流域发展有机低碳农业效益分析和金融支持支持［J］. 江苏农业科学，2012，40（7）：13-15.

[66] 郭炳南，卜亚. 长江经济带城市生态福利绩效评价及影响因素研究——以长江经济带 110 个城市为例［J］. 企业经济，2018，37（8）：30-37.

[67] 郭炳南，刘堂发，唐利，等. 环境规制对长江经济带生态福利绩效的门槛效应研究

[J]. 生态经济，2020，36（3）：155-161.

[68] 郭军华，倪明，李帮义．基于三阶段 DEA 模型的农业生产效率研究［J］. 数量经济技术经济研究，2010（12）：27-38.

[69] 郭如才．为中国梦的实现创造更好的生态条件——十八大以来党中央关于生态文明建设的思想与实践［J］. 党的文献，2016（2）：9-14.

[70] 郭四代，仝梦，郭杰，等．基于三阶段 DEA 模型的省际真实环境效率测度与影响因素分析［J］. 中国人口·资源与环境，2018，28（3）：106-116.

[71] 郭长青．基于网络 DEA 的农业效率研究［D］. 长春：吉林大学，2011.

[72] 韩海彬，赵丽芬．环境约束下中国农业全要素生产率增长及收敛分析［J］. 中国人口·资源与环境，2013，23（3）：70-76.

[73] 何劲，祁春节．建设长江经济带特色农业产业的思考［J］. 统计与决策，2006（9）：93-94.

[74] 何寿奎．长江经济带环境治理与绿色发展协同机制及政策体系研究［J］. 当代经济管理，2019，41（8）：57-63.

[75] 贺志亮，刘成玉．我国农业生产效率及效率影响因素研究——基于三阶段 DEA 模型的实证分析［J］. 农村经济，2015（6）：48-51.

[76] 侯孟阳，姚顺波．1978—2016 年中国农业生态效率时空演变及趋势预测［J］. 地理学报，2018，73（11）：2168-2183.

[77] 胡艳芳．内蒙古农业生态效率研究［D］. 呼和浩特：内蒙古农业大学，2019.

[78] 黄安胜，许佳贤，刘振滨，等．中国绿色农业技术效率及其省际差异分析——基于 1998—2012 年的面板数据［J］. 湖南农业大学学报（社会科学版），2014，15（4）：68-75.

[79] 黄从红，杨军，张文娟．生态系统服务功能评估模型研究进展［J］. 生态学杂志，2013，32（12）：3360-3367.

[80] 黄鹂，严立冬．生态资本运营构成要素研究：功能论视角［J］. 河南社会科学，2013，21（3）：73-75，108.

[81] 黄铭．生态资本理论研究［D］. 合肥：合肥工业大学，2005.

[82] 黄梓轩．长江经济带农产品流通效率及其影响因素研究［D］. 重庆：重庆工商大学，2020.

[83] 江波，欧阳志云，苗鸿，等．海河流域湿地生态系统服务功能价值评价［J］. 生态学报，2011，31（8）：2236-2244.

[84] 金海林．丽水市农业生态资本运营的生态效应及其影响因素研究［D］. 武汉：中南

财经政法大学，2019.

[85] 靳相木，柳乾坤．基于三维生态足迹模型扩展的土地承载力指数研究——以温州市为例［J］. 生态学报，2017（9）：1-12.

[86] 蓝曼，林爱文，金添，等．中国自然资源核算评估研究知识图谱量化分析［J］. 资源科学，2020，42（4）：621-635.

[87] 雷恒，金海林．绿色发展视角下的农业生态资本投资机制优化研究［J］. 江汉大学学报（社会科学版），2018，35（1）：73-77，126.

[88] 李昂轩．农业生态资本价值评价方法研究述评［J］. 安徽农业科学，2013（35）：13697-13700.

[89] 李波，张俊飚，李海鹏．中国农业碳排放时空特征及影响因素分解［J］. 中国人口·资源与环境，2011，21（8）：80-86.

[90] 李翠菊．我国狭义农业碳源碳汇实证分析［D］. 北京：首都经济贸易大学，2012：3.

[91] 李富佳，李宇，李泽红，等．基于 SD 模型的循环农业系统构建及其综合效益评价研究［J］. 干旱区资源与环境，2015，29（6）：45-50.

[92] 李谷成．中国农业的绿色生产率革命：1978—2008 年［J］. 经济学（季刊），2014，13（2）：537-558.

[93] 李海涛，许学工，肖笃宁．基于能值理论的生态资本价值——以阜康市天山北坡中段森林区生态系统为例［J］. 生态学报，2005（6）：1383-1390.

[94] 李健，王芳，钟惠波．中国经济增长质量的驱动因素分析［M］. 北京：国家行政学院出版社，2016.

[95] 李军洋，郝吉明．生态经济经营的结构和运行机制［J］. 中国人民大学学报，2019，33（1）：64-72.

[96] 李录堂，薛继亮．中国农业生产率增长变化趋势研究：1980—2006［J］. 上海财经大学学报，2008（4）：76-83.

[97] 李平衡．农业生态资源资本化运营及其政策需求研究［D］. 武汉：中南财经政法大学，2018.

[98] 李世聪，易旭东．生态资本价值核算理论研究［J］. 统计与决策，2005（18）：4-6.

[99] 李文华．中国省域农业绿色全要素生产率的测算及影响因素分析［D］. 重庆：重庆工商大学，2019.

[100] 李小玉．鄱阳湖生态经济区绿色农业生态资本运营研究［J］. 企业经济，2015，34（10）：127-130.

[101] 李晓燕. 农业生态环境双重功能的冲突与协调 [J]. 农村经济, 2017 (7): 52-56.

[102] 李兴源, 陈业华. 基于 CiteSpace 的国内社会科学研究中熵的应用分析 [J]. 科技管理研究, 2018, 38 (13): 259-266.

[103] 李云新, 黄科. 资本下乡过程中农户福利变化测度研究——基于阿玛蒂亚·森的可行能力分析框架 [J]. 当代经济管理, 2018, 40 (7): 40-47.

[104] 李智. 环境规制下长江经济带创新效率测度及空间关联研究 [D]. 重庆: 重庆工商大学, 2020. 6.

[105] 李周, 于法稳. 西部地区农业生产效率的 DEA 分析 [J]. 中国农村观察, 2005 (6): 2-10, 81.

[106] 林锦彬. 福建省农业生态效率综合评价与影响因素分析 [D]. 福州: 福建农林大学, 2018.

[107] 林木西, 耿蕊, 李国柱. 省域生态福利绩效水平的空间非均衡性研究——基于 MLD 指数与分布动态学模型 [J]. 东岳论丛, 2019, 40 (10): 73-83.

[108] 刘璨. 我国林草结合环境经济与政策分析研究 [D]. 北京: 中国农业科学院, 2003.

[109] 刘东生. "两山" 理论的哲学意蕴与贯彻落实 [J]. 民主与科学, 2020 (1): 17-21.

[110] 刘凤朝, 张娜, 赵良仕. 东北三省高技术制造产业创新效率评价研究——基于两阶段网络 DEA 模型的分析 [J]. 管理评论, 2020, 32 (4): 90-103.

[111] 刘吉鹏. 生态企业资本运作初探 [J]. 辽宁工程技术大学学报 (社会科学版), 2003 (4): 23-25.

[112] 刘加林, 康娉娉, 朱强, 等. 绿色发展理念视角下民族地区生态资本运营与生态补偿耦合问题探讨 [J]. 生态经济, 2016, 32 (12): 177-181, 186.

[113] 刘加林, 朱邦伟, 李淑君. 区域生态资本运营绩效评价指标体系及实证研究 [J]. 中国地质大学学报 (社会科学版), 2014, 14 (4): 75-80.

[114] 刘江宜, 余瑞祥. 西部地区生态资本、人力资本、金融资本比较评价 [J]. 云南财贸学院学报, 2004 (6): 96-100.

[115] 刘莉. 新时代生态法治理论体系的构建 [J]. 人大法律评论, 2019 (2): 119-133.

[116] 刘树峰, 杜德斌, 覃雄合, 等. 基于创新价值链视角下中国创新效率时空格局与影响因素分析 [J]. 地理科学, 2019 (2): 173-182.

[117] 刘思华, 方时姣. 绿色发展与绿色崛起的两大引擎——论生态文明创新经济的两个基本形态 [J]. 经济纵横, 2012 (7): 38-43.

[118] 刘思华. 对可持续发展经济的理论思考 [J]. 经济研究, 1997 (3): 46-54.

[119] 刘天宇. 长江经济带农业环境全要素生产率及其影响因素实证研究 [D]. 荆州: 长江大学, 2018.

[120] 刘晓星. 基于三维生态足迹的中国自然资本利用研究 [D]. 大连: 辽宁师范大学, 2019.

[121] 刘永松, 王婉楠, 王墨林. 基于两阶段网络 DEA 模型的国家创新效率研究——基于南亚—东南亚国家 [J]. 云南财经大学学报, 2019, 35 (6): 84-94.

[122] 刘俞希. 长江经济带现代农业发展评价研究 [D]. 湘潭: 湖南科技大学, 2019.

[123] 柳杨青. 生态需要的经济学研究 [M]. 北京: 中国财政经济出版社, 2004.

[124] 龙亮军. 综合福利视角下中国生态文明建设绩效评价及国际比较 [J]. 自然资源学报, 2019, 34 (6): 1259-1272.

[125] 卢雯, 于洁, 程绍文, 等. 长江经济带湖北段旅游经济差异的时空特征及影响因素分析 [J]. 华中师范大学学报 (自然科学版), 2018, 52 (5): 730-741.

[126] 骆旭添, 吴则焰, 陈婷, 等. 闽北地区低碳农业效益综合评价体系的构建与应用 [J]. 中国生态农业学报, 2011, 19 (6): 1444-1447.

[127] 马维兢, 刘斌, 杨德伟, 等. 基于三维生态足迹模型的流域自然资本动态评估——以福建省九龙江流域为例 [J]. 资源科学, 2017, 39 (5): 871-880.

[128] 马翼飞. 农业生态资本运营与绿色减贫协同发展评价研究 [D]. 武汉: 中南财经政法大学, 2019.

[129] 马兆良, 田淑英, 王展祥. 生态资本与长期经济增长——基于中国省际面板数据的实证研究 [J]. 经济问题探索, 2017 (5): 164-171.

[130] 马兆良, 田淑英. 生态资本影响长期经济增长的机制研究: 基于外部性视角 [J]. 安徽大学学报 (哲学社会科学版), 2017, 41 (5): 149-156.

[131] 麦瑜翔. 农业生态资源资本化支持政策研究 [D]. 武汉: 中南财经政法大学, 2018.

[132] 毛文山, 赵红莉, 蒋云钟, 等. 基于文献计量学的国内水生态环境研究知识图谱构建与应用 [J]. 水利学报, 2019, 50 (11): 1400-1416.

[133] 梅怡明, 乔长涛, 汪凯达, 等. 中国省域农业生态资本运营水平评价 [J]. 统计与决策, 2020, 36 (15): 80-83.

[134] 梅怡明, 严立冬, 邓远建, 等. 中国省域生态资本运营水平综合评价与空间差异分析 [J]. 中国地质大学学报 (社会科学版), 2019, 19 (6): 61-72.

[135] 孟令杰. 中国农业产出技术效率动态研究 [J]. 农业技术经济, 2000 (5): 1-4.

[136] 闵继胜．资本积累、技术变革与农业生态危机——基于生态学马克思主义的视角［J］．当代经济研究，2017（6）：84-89.

[137] 聂弯，于法稳．农业生态效率研究进展分析［J］．中国生态农业学报，2017，25（9）：1371-1380.

[138] 欧阳志云，王如松，赵景柱．生态系统服务功能及其生态经济价值评价［J］．应用生态学报，1999，10（5）：635-640.

[139] 潘丹，应瑞瑶．中国农业生态效率评价方法与实证——基于非期望产出的SBM模型分析［J］．生态学报，2013，33（12）：3837-3845.

[140] 潘丹，应瑞瑶．资源环境约束下的中国农业全要素生产率增长研究［J］．资源科学，2013，35（7）：1329-1338.

[141] 潘世磊．农业生态资本投资效应研究［D］．武汉：中南财经政法大学，2019.

[142] 庞家幸．中国农业生态效率研究［D］．兰州：兰州大学，2016.

[143] 彭代彦，吴翔．中国农业技术效率与全要素生产率研究——基于农村劳动力结构变化的视角［J］．经济学家，2013（9）：68-76.

[144] 彭甲超，易明，付丽娜．中国农业全要素生产率的再检验——基于省级面板数据农业中间消耗品的分析［J］．中国管理科学，2021，29（6）：1-13.

[145] 钱超．动态网络DEA模型构建及其在区域创新效率评价中的应用研究［D］．无锡：江南大学，2019.

[146] 屈志光，陈光炬，刘甜．农业生态资本运营效率测度及其影响因素分析［J］．中国地质大学学报（社会科学版），2014，14（4）：81-87.

[147] 屈志光．生态资本投资收益研究［D］．武汉：中南财经政法大学，2013.

[148] 全炯振．中国农业全要素生产率增长的实证分析：1978—2007年——基于随机前沿分析（SFA）方法［J］．中国农村经济，2009（9）：36-47.

[149] 任大川，陈尚，夏涛，等．海洋生态资本理论框架下海洋生物资源的存量评估［J］．生态学报，2011，31（17）：4805-4810.

[150] 萨拉·萨卡，布鲁诺·科恩，陈慧，林震．生态社会主义还是野蛮堕落？——一种对资本主义的新批判［J］．马克思主义与现实，2011（3）：145-153.

[151] 石健．丝绸之路经济带省域生态资本效率时空演变与影响因素分析［D］．哈尔滨：东北林业大学，2019.

[152] 史家亮．生态社会主义对当代资本主义生态危机的反思［J］．山东师范大学学报（人文社会科学版），2011，56（2）：118-121.

[153] 史培军，张淑英，潘耀忠，等．生态资产与区域可持续发展［J］．北京师范大学学

报社会科学版，2005（2）：131-137.

[154] 史玉丁，李建军．武陵山区旅游产业发展与生态资本提升协同研究［J］．生态经济，2017，33（10）：149-154，213.

[155] 宋月茹，尉京红．农业生产效率研究综述［J］．合作经济与科技，2020（15）：32-33.

[156] 孙冬煜，王震声，何旭东，等．自然资本与环境投资的涵义［J］．环境保护，1999（5）：38-40.

[157] 孙晓慧．绿色会计［J］．财务与会计，1992（6）：55-56.

[158] 孙正东．现代农业产业联合体运营效益分析——一个经验框架与实证［J］．华东经济管理，2015，29（5）：108-112.

[159] 谭红英．长江经济带农业绿色生产效率及其影响因素研究［D］．重庆：重庆工商大学，2019.

[160] 王宝义，张卫国．中国农业生态效率测度及时空差异研究［J］．中国人口·资源与环境，2016，26（6）：11-19.

[161] 王宝义，张卫国．中国农业生态效率的省际差异和影响因素——基于1996—2015年31个省份的面板数据分析［J］．中国农村经济，2018（1）：46-62.

[162] 王耕，常畅，石永辉．基于文献计量的自然资本研究现状及热点［J］．生态学报，2019，39（21）：8183-8192.

[163] 王海斌．生态资本运营［M］．北京：中国农业大学出版社，2009：144-146.

[164] 王佳楣．陕西农村金融市场开放、效率及其影响机制研究［M］．北京：中国金融出版社，2017.

[165] 王凯风，吴超林．绿色效率视角下环境库兹涅茨曲线的再检验——基于285个中国城市的面板数据与GML指数［J］．管理现代化，2017，37（6）：64-68.

[166] 王蕾，苏杨，崔国发．自然保护区生态补偿定量方案研究——基于“虚拟地”计算方法［J］．自然资源学报，2011，26（1）：34-47.

[167] 王丽影．低碳视角下农业生态效率及影响因素研究［D］．南昌：江西财经大学，2017.

[168] 王良健，蒋婷．我国农村环境质量的时空分异与农村经济发展的门槛效应——基于ESDA—GIS与门槛回归模型［J］．农业现代化研究，2017，38（1）：128-137.

[169] 王圣云，韩亚杰，任慧敏，等．中国省域生态福利绩效评估及其驱动效应分解［J］．资源科学，2020，42（5）：840-855.

[170] 王旭，李贞宇，马文奇，张福锁．中国主要生态区小麦施肥增产效应分析［J］．中

国农业科学，2010，43（12）：2469-2476.

[171] 王永静，陈增增．天山北坡经济带农业生态效率评价及提升路径研究——基于Super-SBM模型和Global-Malmquist指数[J]. 生态经济，2020，36（2）：111-117.

[172] 吴传清．长江经济带产业蓝皮书（2018）[M]. 北京：社会科学文献出版社，2018.

[173] 吴贤荣，张俊飚，田云等．中国省域农业碳排放：测算、效率变动及影响因素研究——基于DEA-Malmquist指数分解方法与Tobit模型运用[J]. 资源科学，2014，36（1）：129-138.

[174] 吴小庆，徐阳春，陆根法．基于超效率DEA模型的农业生态效率评价——以盆栽水稻试验为例[J]. 生态经济，2009（3）：30-33.

[175] 武甲斐．山西省转变农业发展方式问题研究[D]. 石河子：石河子大学，2017：11.

[176] 武晓明．西部地区生态资本价值评估与积累研究[D]. 咸阳：西北农林科技大学，2005.

[177] 习近平．绿水青山就是金山银山[N]. 人民日报，2014-07-11（12）.

[178] 习近平．生态兴则文明兴——推进生态建设打造“绿色浙江”[J]. 求是，2003（13）：42-44.

[179] 向双．农业生态资本运营的生态益贫效应研究[D]. 武汉：中南财经政法大学，2020.

[180] 肖鹏．习近平生态文明思想的历史逻辑[J]. 福建党史月刊，2020（9）：11-16，58.

[181] 肖琴，罗其友，周振亚，何英彬．中国农业绿色生产效率的动态变迁与空间分异——基于DDF-Global Malmquist-Luenberger指数方法的分析[J]. 农林经济管理学报，2020，19（5）：537-547.

[182] 肖汝琴，丁娟．生态资本与海洋可持续发展的研究进展[J]. 商业经济，2015（6）：28-30.

[183] 肖锐，陈池波．财政支持能提升农业绿色生产率吗？——基于农业化学品投入的实证分析[J]. 中南财经政法大学学报，2017（1）：18-24，158.

[184] 谢高地，鲁春霞，成升魁．全球生态系统服务价值评估研究进展[J]. 资源科学，2001（6）：5-9.

[185] 谢来辉．从环境经济学视角重读《社会成本问题》[J]. 山东经济，2010，26（4）：17-24.

[186] 徐爱庆，陈欣，朱金福. 基于网络DEA改进模型的长三角机场效率研究 [J]. 交通运输系统工程与信息，2014 (1)：88-94.

[187] 徐磊，曹孟勤. 试论生态资本何以可能——基于习近平“两山论”的视域 [J]. 广西社会科学，2018 (10)：1-5.

[188] 徐祥. 中国粮食主产区农业生态效率评价、收敛性及影响因素研究 [D]. 合肥：安徽财经大学，2020.

[189] 徐益亮. 用“两山”理念提升农民“获得感” [J]. 河北农业大学学报 (社会科学版)，2020，22 (5)：9-13.

[190] 许雅茹. 生态资本视角下中国农业绿色全要素生产率及其影响因素研究 [D]. 哈尔滨：东北林业大学，2020.

[191] 薛若晗，窦贻俭. 快速城市化区域自然资本分析与生态环境对策——以太湖地区昆山市为例 [J]. 经济地理，2003 (6)：831-834.

[192] 严立冬，陈光炬，刘加林，等. 生态资本构成要素解析——基于生态经济学文献的综述 [J]. 中南财经政法大学学报，2010 (5)：3-9，142.

[193] 严立冬，陈胜，邓力. 绿色农业生态资本运营收益的持续量：规律约束与动态控制 [J]. 中国地质大学学报 (社会科学版)，2015，15 (5)：55-61.

[194] 严立冬，邓远建，蔡运涛，等. 绿色农业发展的外部性问题探析 [J]. 调研世界，2009 (8)：11-14.

[195] 严立冬，邓远建，屈志光. 绿色农业生态资本积累机制与政策研究 [J]. 中国农业科学，2011，44 (5)：1046-1055.

[196] 严立冬，刘加林，陈光炬. 生态资本运营价值问题研究 [J]. 中国人口·资源与环境，2011，21 (1)：141-147.

[197] 严立冬，孟慧君，刘加林，邓远建. 绿色农业生态资本化运营探讨 [J]. 农业经济问题，2009，30 (8)：18-24.

[198] 严立冬，张亦工，邓远建. 农业生态资本价值评估与定价模型 [J]. 中国人口·资源与环境，2009，19 (4)：77-81.

[199] 杨传喜，张俊飚，李树明. 农业科技资源技术效率的测算与分析——基于农业生态区划的视角 [J]. 中国科技论坛，2011 (6)：138-143.

[200] 杨国涛，张特，东梅. 中国农业生产效率与减贫效率研究 [J]. 数量经济技术经济研究，2020，37 (4)：46-65.

[201] 杨静. 基于网络SBM模型的我国物流上市公司经营绩效评价研究 [D]. 杭州：杭州电子科技大学，2019. 3.

[202] 杨印生，程昀，郭长青．基于矩阵型网络 DEA 模型的农业循环经济系统绩效评价［J］．税务与经济，2014（1）：18-21.

[203] 杨志辉，李晓春．农业污染治理及生产效率提高对就业的影响［J］．南京农业大学学报（社会科学版），2020，20（1）：127-138.

[204] 于伟咏，漆雁斌，李阳明．碳排放约束下中国农业能源效率及其全要素生产率研究［J］．农村经济，2015（8）：28-34.

[205] 余小芹．长江经济带工业用水效率测度与空间溢出效应研究［D］．重庆：重庆工商大学，2019. 3.

[206] 张峰，宋晓娜．乡村产业振兴中生产要素双向流动机制解析［J］．世界农业，2019（10）：80-89.

[207] 张乐，曹静．中国农业全要素生产率增长：配置效率变化的引入——基于随机前沿生产函数法的实证分析［J］．中国农村经济，2013（3）：4-15.

[208] 张婷．中国农业技术创新效率评价及收敛性研究［D］．乌鲁木齐：新疆大学，2016.

[209] 张文明，张孝德．生态资源资本化：一个框架性阐述［J］．改革，2019（1）：122-131.

[210] 张鑫，高源，吴怡．基于 CiteSpace 的海洋渔业研究热点与发展趋势分析［J］．海洋经济，2017，7（4）：58-64.

[211] 张星星，曾辉．珠江三角洲城市群三维生态足迹动态变化及驱动力分析［J］．环境科学学报，2017，37（2）：771-778.

[212] 张煊，王国顺，王一苇．生态经济效率评价及时空差异研究［J］．经济地理，2014，34（12）：153-160.

[213] 张亚如，张俊飚，张昭．中国农业技术研究进展——基于 CiteSpace 的文献计量分析［J］．中国科技论坛，2018（9）：113-120.

[214] 张媛．生态资本的界定及衡量：文献综述［J］．林业经济问题，2016，36（1）：83-88.

[215] 张贇．基于非期望产出 SBM 模型及面板 Tobit 模型对中国农业生态效率的实证分析——以陕甘宁青四地区为例［J］．海南金融，2018（2）：17-28.

[216] 赵鑫．环境与能源约束下的长江经济带生态效率研究［D］．蚌埠：安徽财经大学，2017：12.

[217] 赵越，王海舰，苏鑫．森林生态资产资本化运营研究综述与展望［J］．世界林业研究，2019，32（4）：1-5.

[218] 赵芝俊，张社梅．近20年中国农业技术进步贡献率的变动趋势［J］．中国农村经济，2006（3）：4-12，22.

[219] 郑家喜，杨东．基于DEA-Malmquist分析法的农业生态效率测算研究——以长江中游四省份为例［J］．湖北社会科学，2016（9）：65-71.

[220] 郑梦山．善待生态资本促进山西经济可持续发展［J］．山西财经大学学报，2001（2）：19-22.

[221] 周鹏飞，谢黎，王亚飞．我国农业全要素生产率的变动轨迹及驱动因素分析——基于DEA—Malmquist指数法与两步系统GMM模型的实证考察［J］．兰州学刊，2019（12）：170-186.

[222] 周群力．我国农业规模经济的变化与政策含义［M］．北京：中国发展出版社，2016.

[223] 周淑景．自然资本与农业的可持续增长［J］．东北财经大学学报，2007（6）：45-49.

[224] 周统建，铁铮，秦国伟．“生态环境生产力论”对我国林业建设的价值引领［J］．世界林业研究，2020，33（5）：118-122.

[225] 朱洪革，蒋敏元．国外自然资本研究综述［J］．外国经济与管理，2006（2）：1-6，14.

[226] 诸大建．绿色经济新理念及中国开展绿色经济研究的思考［J］．中国人口·资源与环境，2012，22（5）：40-47.

[227] Aigner D, Lovell C, Schmidt P. Formulation and Estimation of Stochastic Frontier Production Function Models [J]. Journal of Liconometrices, 1977, 6 (1): 21-37.

[228] Sodani P R. An Introduction to Data Envelopment Analysis: A Tool for Performance Measurement SAGE Publications [J]. Journal of Health Management, 2011, 13 (1): 113-114.

[229] Andrés J Picazo-Tadeo, José A Gómez-Limón, Ernest Reig-Martínez. Assessing Farming Eco-efficiency: A Data Envelopment Analysis Approach [J]. Journal of Environmental Management, 2011, 92 (4): 1154-1164.

[230] Asano T Shibata, et al.. Natural Capital Investment under Knightian Uncertainty [J]. Environment and Development Economics, 2014, 19 (5): 529-547.

[231] Ball V E, Bureau J C, Butault J P, Nehring R. Levels of Farm Sector Productivity: An International Comparison [J]. Journal of Productivity Analysis, 2001, 15 (1): 5-29.

[232] Baltese G E, Corra G S. Estimation of a Production Frontier Model: with Application to

the Pastoral Zone of Eastern Australia [J]. Australia Journal of Agricultural Economics, 1977, 21 (3): 169-179.

[233] Barro R, Sala-I-Martin X. Convergence [J]. Journal of Political Economy, 1992, (2): 223-251.

[234] Boris E Bravo-Ureta, Daniel Solis, Victor H Moreira Lopez, et al.. Technical Efficiency in Farming: a Meta-regression Analysis [J]. Journal Productivity Analysis, 2007, 27 (1): 57-72.

[235] Brand F. Critical Natural Capital Revisited: Ecological Resilience and Sustainable Development [J]. Ecological Economics, 2009, 68 (3): 605-612.

[236] Brandt N, Schreyer P, Zipperer V. Productivity Measurement with Natural Capital [J]. Review of Income and Wealth, 2017.

[237] Christopher L Ambrey, et al.. The Role of Natural Capital in Supporting National Income and Social Welfare: Applied Economics Letters [J]. Applied Economics Letters, 2015, 23 (10).

[238] Chung Y H, Fare R, Grosskopf S. Productivity and Undesirable Outputs: A Directional Distance Function Approach [J]. Journal of Environment Management, 1997, 51 (3): 229-240.

[239] Claret Clément, Metzger M J, Marianne K, et al.. Understanding the Integration of Ecosystem Services and Natural Capital in Scottish Policy [J]. Environmental Science & Policy, 2018, 88: 32-38.

[240] Costanza R, Daly H E. Natural Capital and Sustainable Development [J]. Conservation Biology, 1992, 6 (1): 37-46.

[241] Crowe J. Economic Development in the Nonmetropolitan West: The Influence of Built, Natural, and Social Capital [J]. Community Development, 2008.

[242] Daly H E, Farley J. Ecological Economics: Principles and Applications [M]. Washington D C: Island Press, 2004.

[243] Daly H E. Beyond Growth the Economics of Sustainable Development [M]. Boston: Beacon Press, 1996: 25-76.

[244] D´Ambrosio C, Hill R J. Review of Income and Wealth [J]. Review of Income & Wealth, 2013, 59 (4): 791-791.

[245] Fairbrass A, Mace G, Ekins P, et al.. The Natural Capital Indicator Framework (NCIF) for Improved National Natural Capital Reporting [J]. Ecosystem Services, 2020, 11.

[246] Fleur J F Maseyk, et al.. Managing Natural Capital Stocks for the Provision of Ecosystem Services [J]. Conservation Letters, 2016.

[247] Fukuyama H, Weber W L. A Directional Slacks-Based Measure of Technical Inefficiency [J]. Socio-Economic Planning Sciences, 2009, 43 (4): 274-287.

[248] Griliches Z Hybrid corn. An Exploration in the Economics of Technical Change [J]. Econometric, 1957, 25 (4): 501-522.

[249] Guerry A D, Polasky S, Lubchenco J, et al.. Natural Capital and Ecosystem Services Informing Decisions: From Promise to Practice [J]. Proceedings of the National Academy of Science, 2015, 112: 7348-7355.

[250] Kathleen M Bower. Sustainability, Natural Capital, Engineering, and Geology: a Case Study of Coles County, IL, USA [J]. Environmental Earth Sciences, 2010, 61 (3).

[251] Keating Brian A, Carberry Peter S, Bindraban Prem S, et al.. Eco-efficient Agriculture: Concepts, Challenges, and Opportunities [J]. Crop Science, 2010, 50 (2): S109-S119.

[252] Lange G M. Wealth, Natural Capital, and Sustainable Development: Contrasting Examples from Botswana and Namibia [J]. Environmental & Resource Economics, 2004, 29 (3): 257-283.

[253] Lin J Y. Rural Reforms and Agricultural Growth in China [J]. American Economic Review, 1992, 82 (1): 34-51.

[254] Liu Yansui, Zou Lilin, Wang Yongsheng. Spatial-temporal Characteristics and Influencing Factors of Agricultural Eco-efficiency in China in Recent 40 Years [J]. Land Use Policy, 2020, 9 (97).

[255] Lach J, Alonso-Almeida M D M, Antoni García-Castellví, et al.. A Fresh Approach to Context Influence, Development and Performance in Environmental Management [J]. Business Strategy and the Environment, 2015.

[256] Long Xinyi, Yu Huajun, Sun Mingxing, et al.. Sustainability Evaluation based on the Three-dimensional Ecological Footprint and Human Development Index: A Case Study on the Four Island Regions in China [J]. Journal of Environmental Management, 2020, 265: 1-12.

[257] Mancini M S, Galli A, Niccolucci V, et al.. Stocks and Flows of Natural Capital: Implications for Ecological Footprint [J]. Ecological Indicators, 2017, 77: 123-128.

[258] Marjan V D B, Blake D. Investing in Natural Capital and Getting Returns: An Ecosystem

Service Approach [J]. Business Strategy and the Environnent, 2015 (24).

[259] Maseyk F J F, Mackay A D, Possingham H P, et al.. Managing Natural Capital Stocks for the Provision of Ecosystem Services [J]. Conservation Letters, 2016.

[260] Meeusen W J, Broeck V D. Efficiency Estimation from Cobb-Douglas Production Functions with Composed Error [J]. International Economic Review, 1977, 18 (2): 435-444.

[261] Missemer A. Natural Capital as an Economic Concept, History and Contemporary Issues [J]. Post-Print, 2017, 143: 90-96.

[262] Miteva Daniela A. The Integration of Natural Capital into Development Policies [J]. Oxford Review of Economic Policy, 2019, 35 (1): 162-181.

[263] Moriyama A, Yonemura S, Kawashima S, et al.. Environmental Indicators for Estimating the Potential Soil Respiration Rate in Alpine Zone [J]. Ecological Indicators, 2013, 32 (9): 245-252.

[264] Pagiola S. Payments for Environmental Services in Costa Rica [J]. Ecological Economics, 2008, 65 (4): 712-724.

[265] Park P J, Tahara K, Inaba A. Product Quality-based Eco-efficiency Applied to Digital Cameras [J]. Journal of Environmental Management, 2007, 83 (2): 158-170.

[266] Pearce D W, Turner R K. Economics of Natural Resources and the Environment [M]. Baltimore: Johns Hopkins University Press, 1990: 51-53.

[267] Petrosillo I, Zaccarelli N, Semeraro T, et al.. The Effectiveness of Different Conservation Policies on the Security of Natural Capital [J]. Landscape and Urban Planning, 2009, 89 (1-2): 0-56.

[268] Piaggio M, Padilla E, Roman C. The Long-run Relationship between CO2 Emissions and Economic Activity in a Small Open Economy: Uruguay 1882—2010 [J]. Energy Economics, 2017, 65 (jun.): 271-282.

[269] Roseta-Palma C, Ferreira-Lopes A, Sequeira T N. Externalities in an Endogenous Growth Model with Social and Natural Capital [J]. Ecological Economics, 2010, 69 (3): 603-612.

[270] Silvana S, Henry W. Natural Capital, Domestic Product and Proximate Causes of Economic Growth: Uruguay in the Long Run, 1870—2014 [J]. Sustainability, 2018, 10 (3): 715.

[271] Tone K. A Slacks-based Measure of Super-efficiency in Data Envelopment Analysis [J].

European Journal of Operational Research, 2002, 143 (1): 32-41.

[272] Vogt W. Road to Survival [M]. New York: William Sloan, 1948: 54.

[273] Wang Chengdong, Wang Yutao, Geng Yong, et al.. Measuring Regional Sustainability with an Integrated Social-economic-natural Approach: A Case Study of the Yellow River Delta region of China [J]. Journal of Cleaner Production, 2016, 114: 189-198.

[274] Wu S, Walker D, Devadoss S, et al.. Productivity Growth and its Components in Chinese Agriculture after Eforms [J]. Review of Development Economics, 2010, 5 (3): 375-391.

[275] Yu Huajun, Wang Yutao, Li Xiao, et al.. Measuring Ecological Capital: State of the Art, Trends, and Challenges [J]. Journal of Cleaner Production, 2019 (219): 833-845.

[276] Zeeuw De A. Twenty Years of Environment and Development Economics: Advice to Graduate Students [J]. Environment & Development Economics, 2014, 19 (3): 303-304.

[277] Zhang Xinmin, Estoque Ronald C, Xie Hualin, et al.. Bibliometric Analysis of Highly Cited Articles on Ecosystem Services [J]. PLoS ONE, 2019, 14 (2): 1-16.

[278] Zheng Hua, Wang Lijuan, Peng Wenjia, et al.. Realizing the Values of Natural Capital for Inclusive, Sustainable Development: Informing China's New Ecological Development Strategy [J]. Proceedings of the National Academy of Sciences of the United States of America, 2019, 116 (17): 8623-8628.